Höchstens für'n Zehner

Der Stellplatzführer für günstige Zwischenstopps und abwechslungsreiche Kurztrips

ISBN Taschenbuch: 978-3-9824631-0-0
ISBN Hardcover: 978-3-9824631-2-4

INHALTSVERZEICHNIS

VORWORT

Auszeit, Urlaub oder einfach mal raus. Das Gefühl, zu Beginn einer Reise endlich ins Wohnmobil zu steigen oder den Wohnwagen anzuhängen, ist einfach unbeschreiblich. Genau deshalb wird Camping in Deutschland jedes Jahr beliebter. Es gibt immer mehr Wohnmobile und eine immer größer werdende Auswahl an Stellplätzen. Doch welcher Stellplatz ist wirklich empfehlenswert? Welcher Stellplatz ist dabei noch günstig? Da das Wohnmobil in der Anschaffung recht teuer war, und die Spritkosten ständig steigen, wäre es schön, wenn sich die restlichen Reisekosten in Grenzen halten würden.

Mit diesem Stellplatzführer haben preisbewusste Camping-Fans den richtigen Partner an Ihrer Seite. Hier finden Sie Stellplätze, bei denen sowohl der Preis stimmt, als auch die Leistung. Alle 150 Stellplätze sind von erfahrenen CamperInnen empfohlen und kosten maximal 10 Euro pro Nacht für zwei Personen (ohne Serviceleistungen). Damit Sie auf den ersten Blick sehen, ob sich der Stellplatz für einen Wochenendtrip eignet, ist zu Beginn jeder Seite das Thema des Stellplatzes aufgeführt (z.B. „An der Gaststätte", „Am Thermalbad", „Am Weingut", etc.). Den Überblick behalten Sie mit der detaillierten Deutschland-Karte am Buchanfang. Ihre Route finden Sie bequem mit den abgedruckten GPS-Koordinaten inkl. QR-Code. Scannen Sie den QR-Code einfach mit Ihrer Handykamera, wenn Sie mit Ihrem Handy navigieren möchten.

Viel Spaß beim Lesen und vor allem eine gute Reise wünscht Ihnen

Thomas Frenzen und das Horizont Media Reiseteam

LEGENDE

Stromanschluss	Frischwasser	Entsorgung Grau/Chem
Dusche	Toilette	Hunde erlaubt
WLAN	Wohnwagen erlaubt	QR-Code für GPS-Koordinaten

Daten zu Ausstattungen und Preisen beruhen auf Betreiberangaben zum Redaktionsschluss im April 2022. Verlag und Autor übernehmen keine Haftung bei abweichenden Preisen oder Ausstattungsmerkmalen.

DEUTSCHLAND-KARTE

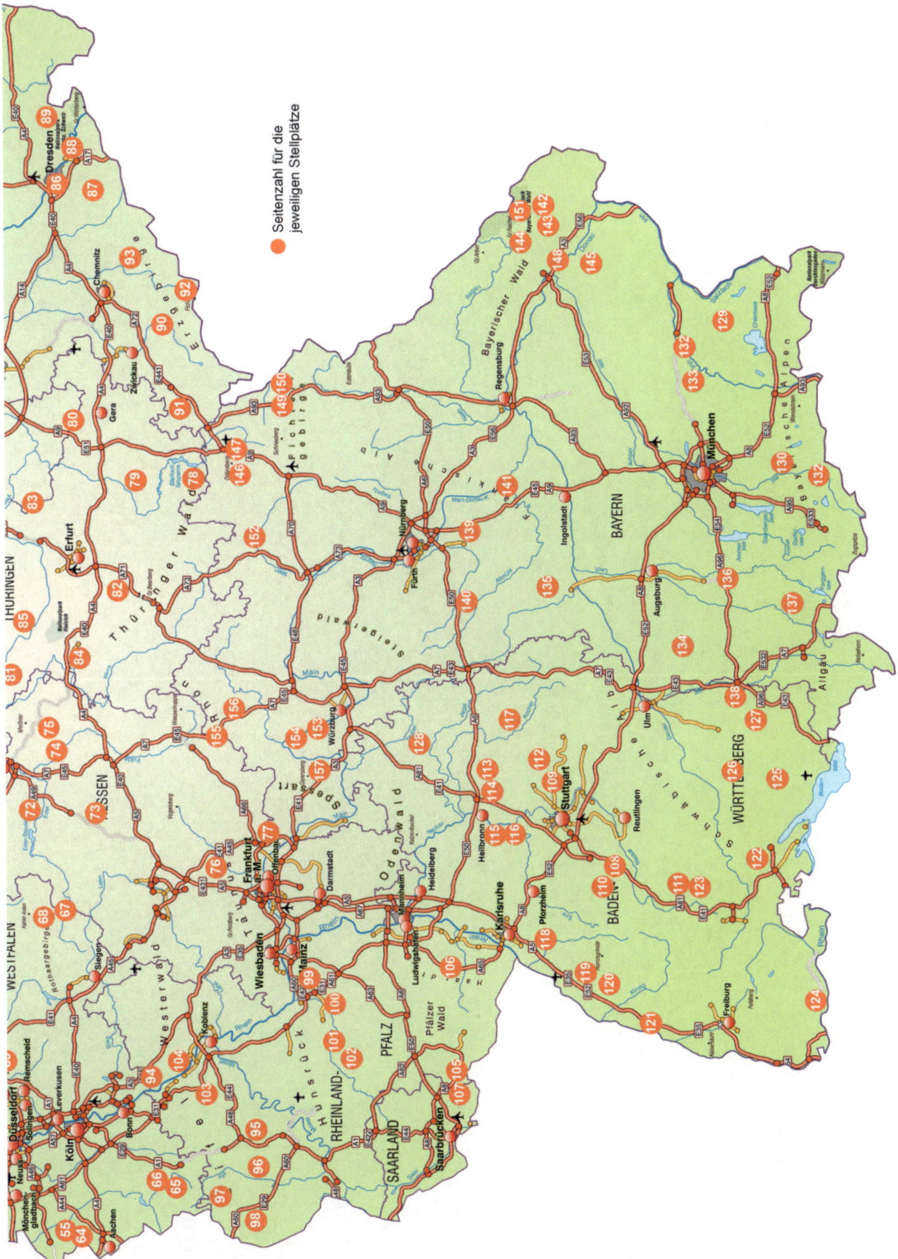

Seitenzahl für die jeweiligen Stellplätze
Dresden
Chemnitz
Zwickau
Gera
Erfurt
Frankfurt a.M.
Offenbach
Darmstadt
Wiesbaden
Mainz
Koblenz
Siegen
Köln
Bonn
Leverkusen
Düsseldorf
Solingen
Remscheid
Neuss
Mönchengladbach
Aachen
Würzburg
Nürnberg
Fürth
Regensburg
Ingolstadt
München
Augsburg
Ulm
Stuttgart
Reutlingen
Heilbronn
Heidelberg
Mannheim
Ludwigshafen
Karlsruhe
Pforzheim
Saarbrücken
Freiburg
BAYERN
BADEN-WÜRTTEMBERG
HESSEN
THÜRINGEN
WESTFALEN
RHEINLAND-PFALZ
SAARLAND
Thüringer Wald
Erzgebirge
Fichtelgebirge
Bayerischer Wald
Bayerische Alpen
Allgäu
Schwäbische Alb
Odenwald
Spessart
Steigerwald
Rhön
Taunus
Westerwald
Eifel
Hunsrück
Pfälzer Wald
Haardt
Rothaargebirge

STELLPLÄTZE IN DEUTSCHLAND

SCHLESWIG-HOLSTEIN

STELLPLATZ WAHLSTEDT

AM HALLEN- UND FREIBAD

Scharnhorststraße 2
23812 Wahlstedt
Tel.: +49 4554 6093 55
https://stadtwerke-wahlstedt.de
info@wohnmobile-wahlstedt.de
GANZJÄHRIG

GPS: 53.955280 N/10.204790 E

Dieser Stellplatz befindet sich auf dem Parkplatz am Aqua Fun Hallen- und Freibad am Ortsrand der Stadt Wahlstedt. Eine ÖPNV-Haltestelle ist fußläufig erreichbar. Hunde sind erlaubt und im Preis inbegriffen. Zusätzlich zum Bad finden Besucher in Wahlstedt diverse Sportanlagen. Bei schönem Wetter lohnt sich ein Flug im Segelflugzeug vom Wahlstedter Flugplatz aus. Dank des Kleinen Theaters am Markt lohnt sich ein Besuch in Wahlstedt auch für Kultur- und Schauspielfans. Vom Aqua Fun aus ist das Zentrum mit Einkaufsmöglichkeiten und gastronomischen Angeboten zu Fuß erreichbar.

Camper, die das Bad nutzen möchten, können ein vergünstigtes Kombiticket für 2 Personen buchen. Die Stellplatzgebühr ist ohnehin bei der Badkasse zu bezahlen. Entsorgung von Grauwasser und Chemie-Toilette sind im Preis enthalten. 50 Liter Frischwasser kosten 1 Euro und Strom kostet 0,80 Euro pro kWh. Sanitäranlagen sind nicht am Stellplatz direkt vorhanden, jedoch selbstverständlich im Aqua Fun. Die Kosten für Ver- und Entsorgung der Durchreisenden belaufen sich auf 3 Euro.

STELLPLÄTZE: 5
PREIS: 8 EUR/NACHT

SCHLESWIG-HOLSTEIN

STELLPLATZ AM HERRENTEICH IN REINFELD/HOLSTEIN

AM BADESEE

Karpfenplatz
Klosterstraße 3
23858 Reinfeld/Holstein
Tel.: +49 4533 2001 0
https://www.reinfeld.de
info@stadt-reinfeld.de
GANZJÄHRIG

GPS: 53.830730 N/10.483380 E

Der autobahnnahe Wohnmobilstellplatz am Herrenteich in Reinfeld ist ein schöner, ruhiger und kostenloser Platz für 5 Wohnmobile mit befestigtem Untergrund und Wiese zum Entspannen. Sollten die ausgewiesenen Plätze bei Ankunft belegt sein, sind zusätzliche Parkplätze vorhanden, die für ein bis zwei Nächte vollkommen genügen. Am Herrenteich gibt es eine offene, unbewachte Badestelle. Von dieser Stelle gehen acht beschilderte Wanderwege ab, die zu Erkundungstouren einladen. Das Vorhandensein einer bunten Mischung aus Kultur-, Sport- und Freizeitanlagen wie einer Boulebahn, dem Heimatmuseum und der Klosterkirche bis hin zu einer Skateranlage und diversen Spielplätzen bietet den Reisemobilisten eine abwechslungsreiche Urlaubsgestaltung. Kulinarisch und im Hinblick auf die traumhafte Kulisse ist das Café Mocca am Herrenteich sehr zu empfehlen.

Die WC-Nutzung kostet 0,50 Euro. Bei längeren Aufenthalten kann man die Duschen im nahe gelegenen Freibad nutzen. 1 kWh Strom, 70 l Wasser sowie die Entsorgung von Chemie-WC und Grauwasser kosten jeweils 1 Euro. Letztere ist dabei mangels Bodenöffnung nur per Schlauch möglich. Dank des Sees, der Wanderwege und der ruhigen Lage ist dieser Stellplatz ideal für Mobilisten, die einen Hund dabei haben.

STELLPLÄTZE: 3
PREIS: KOSTENLOS

SCHLESWIG-HOLSTEIN

STELLPLATZ LANDHAUS ZUR TENNE

AN DER GASTSTÄTTE

Hörn 6
24306 Bösdorf
Tel.: +49 4522 6103
http://www.zurtenne.de
info@zurtenne.de
GANZJÄHRIG

GPS: 54.128070 N/10.502100 E

Direkt am Landhaus „Zur Tenne" gelegen, lädt dieser ganzjährig nutzbare Stellplatz zum Entspannen, Ausruhen und Verweilen ein. Es ist ein überwiegend ebener, geschotterter Platz. Die Wohnmobilstellplätze befinden sich geschützt auf einer umrandeten Wiese mit einem Baum in der Mitte, der teilweise für Beschattung sorgt. Bösdorf liegt in der Holsteinischen Schweiz zwischen Seen, Wäldern und Rapsfeldern sowie nahe der Landeshauptstadt Kiel und der Ostsee. Auch die Orte Eutin, Plön und Malente sind nur wenige Kilometer entfernt. Die Seen sind ideal für Wassersportler. Das gut ausgebaute Radwegenetz lockt Radfahrer an. Wanderer oder Spaziergänger können in der malerischen Kulisse in und um Bösdorf auf Erkundungstour gehen. Der Stellplatz mit seiner natürlichen Umgebung ist ein herrlicher Ort für Erholungsuchende und Entdecker zugleich.

Die Kurtaxe für Erwachsene und Kinder sowie Wasser, die Entsorgung von Grauwasser und Chemie-WC sind im Preis inbegriffen. Hunde sind erlaubt und ebenfalls im Stellplatzpreis inklusive. Strom kostet 3 Euro/Tag.

STELLPLÄTZE: 10
PREIS: 9 EUR/NACHT

STELLPLATZ AM NORD-OSTSEE-KANAL IN SEHESTEDT

Fährstraße 1
24814 Sehestedt
Tel.: +49 4357 457
http://www.sehestedt.de
info@sehestedt.de
GANZJÄHRIG

GPS: 54.3647366 N/9.819338 E

Einen interessanten Ausblick auf den Nord-Ostsee-Kanal mit der kostenlosen Fähre und vielen Schiffen, einem Imbiss direkt am Platz sowie einem gepflegten Stellplatz für bis zu acht Meter Länge in idyllischer Kulisse bietet die Gemeinde Sehestedt. In direkter Nähe befinden sich das Dorfmuseum und der Naturparkweg. Dieser Stellplatz auf einem befestigten Parkplatz mit Wiese direkt am Wasser gilt als der Geheimtipp im Norden. Der weitläufige Naturpark und der Sehestedter Forst laden zu Spaziergängen und Radtouren ein.

Der überwiegend ebene Stellplatz befindet sich am Ortsrand in Sehestedt und kostet nur 8 Euro pro Nacht und Fahrzeug, welche am Parkscheinautomat zu entrichten sind. WLAN ist im Preis inbegriffen und Hunde sind auf dem Platz erlaubt. Toiletten sind im Kiosk vorhanden. Duschen, Mülltonnen und Strom gibt es an diesem Stellplatz jedoch nicht. Frischwasser ist für 1€/100 l erhältlich. Grauwasser und das Chemie-WC können hier entsorgt werden.

STELLPLÄTZE: 14
PREIS: 8 EUR/NACHT

WOHNMOBILSTELLPLATZ AM WIKINGERHOF IN KROPP

AN DER GASTSTÄTTE

Tetenhusener Chaussee 1
24848 Kropp
Tel.: +49 4624 700
www.wikingerhof.de
info@wikingerhof.de
GANZJÄHRIG

GPS: 54.408840 N/9.509920 E

Dieser im Ort Kropp gelegene Stellplatz ist die ideale Anlaufstelle für Reisende auf der Nord-Süd Verbindung der A7. Der ländliche Ort bietet lange Wanderstrecken und ein gut ausgebautes Fahrradnetz. Ebenfalls in der Nähe befinden sich ein Reiterhof und (für den Sommer) ein beheiztes Freibad. Wer länger verweilen möchte, kann einen Ausflug an die Ostsee oder an die Nordsee machen. Schleswig-Holstein als Bundesland zwischen den Meeren hat beides im Angebot. Naturliebhaber, die lieber im Land unterwegs sind, finden mit dem Tetenhusener Moor einen großartigen Anlaufpunkt.

Das Zentrum des Ortes Kropp, mit zahlreichen Einkaufsmöglichkeiten ist vom Stellplatz zu Fuß zu erreichen. Dennoch befindet sich auch eine ÖPNV-Haltestelle direkt vor dem Platz für weiter entfernte Strecken. Die Stellplätze sind überwiegend eben und schattig gelegen. Außerdem befindet sich der Gasthof „Wikingerhof" direkt nebenan. Daneben gibt es einen Biergarten und einen Fahrradverleih. Eine Einkehr ist obligatorisch, denn die Gebühr ist hier zu zahlen. Wasser, Strom und WLAN sind in den Gebühren bereits enthalten. Eine Entsorgung von Grauwasser und der Chemietoilette ist nicht möglich.

STELLPLÄTZE: 3
PREIS: 5 EUR/NACHT

SCHLESWIG-HOLSTEIN

STELLPLATZ CITTI-PARK FLENSBURG

STÄDTE-TRIP

Lilienthalstraße 6
24941 Flensburg
Tel.: +49 4615 4615 7063 03
https://www.citti-park-flensburg.de
citti-park.flensburg@citti.de
GANZJÄHRIG

GPS: 54.773831 N/9.393980 E

Der kostenlose Stellplatz ohne Beschattung befindet sich auf einem Parkplatz am Ortsrand des Stadtbezirks Friesischer Berg und in der Nähe der Flensburger Altstadt, der Marina sowie einiger Museen. Der Platz selbst ist barrierefrei, beleuchtet und verfügt über eine Haltestelle für den öffentlichen Nahverkehr. So können Wohnmobilreisende bequem ihr Mobil abstellen und mit dem ÖPNV in die Stadt fahren. Die Innenstadt ist auch mit dem Fahrrad gut erreichbar. Das CITTI-Einkaufszentrum bietet ein Shopping-Erlebnis mit Wohlfühlatmosphäre. Von der Apotheke und dem Bäcker über den Drogeriemarkt, Restaurants und Bekleidungsgeschäfte bis hin zur Zahnarztpraxis ist alles vorhanden.

Hunde sind auf dem Platz erlaubt. Grauwasser- und Kassettentoiletten-Entsorgung sind kostenfrei. Stromanschlüsse sind nicht vorhanden. Frischwasser kostet 1 Euro pro 100 l. Während der Öffnungszeiten können die Sanitäranlagen des gegenüberliegenden Einkaufszentrums genutzt werden. Auf dem Platz selbst gibt es kein WLAN. Es kann jedoch im Einkaufszentrum genutzt werden. Die maximale Aufenthaltsdauer beträgt eine Nacht. Das heißt, wer am Vormittag ankommt, kann an einem Tag das Zentrum erkunden und am anderen Tag einen Ausflug in die Flensburger Innenstadt machen, bevor es weiter oder zurück geht.

STELLPLÄTZE: 30
PREIS: KOSTENLOS

SCHLESWIG-HOLSTEIN

STELLPLATZ FAMILIE HINK IN BROKDORF

Siethwende 14
25576 Brokdorf
Mobil: +49 171 3403 060
hansen-hink@online.de
GANZJÄHRIG

GPS: 53.877 N/9.32244 E

Der Stellplatz am Bad ist nahe der Elbe gelegen und bietet die perfekte Gelegenheit zur Entspannung mitten in der Natur - was gibt es Besseres für Wohnmobilfahrende? Für 10 Euro pro Nacht inklusive zwei Erwachsener und Kind(er) ist dieser Platz ein idealer Ausflugsort. In der Nähe befinden sich ein Freibad, der Elbstrand und ein Bauernhof. Das Ortszentrum sowie eine ÖPNV-Haltestelle sind fußläufig erreichbar. Der Stellplatz selbst ist teils befestigt und teils geschottert. Eine Wiese ist ebenfalls vorhanden. Die Hündin der Familie Hink läuft frei herum, ist freundlich und verträglich. Für eigene Hunde wird eine Gebühr von 2 Euro berechnet.

Wasser, WLAN, WC sowie die Entsorgung von Grauwasser und Kassettentoilette sind im Preis inbegriffen. Strom kostet 2 Euro pro Tag. Die Stellplatzgebühr ist direkt bei den Betreibern zu entrichten. Neben dem beheizten Freibad (Mai-September) gibt es in Brokdorf eine Mehrzweckhalle sowie eine Eissporthalle (Oktober-März) Die nahe gelegene Marina und ausgewiesene Fahrradwege laden zu Spaziergängen und Radtouren ein. Besucher können hier die Seele baumeln lassen.

STELLPLÄTZE: 4
PREIS: 10 EUR/NACHT

STELLPLATZ STERNTALER IN JOLDELUND

Na Rossieg 2
25862 Joldelund
Tel.: +49 4673 359
E-Mail: hphansen@gmx.de
GANZJÄHRIG

GPS: 54.649032 N/9.156043 E

Dieser ruhige Stellplatz in Joldelund bietet eine Fläche für zwölf Wohnmobile aller Größen und Gewichtsklassen an. Wiesen und Wälder sind in der Nähe reichlich vorhanden, um sich in der Natur zu erholen. Eine Poststelle, ein Bio-Bäcker und viele Rad- und Wanderwege sind vor Ort zu finden. Ein Spielplatz, ein Restaurant und eine Tankstelle sind in weniger als einem Kilometer erreichbar. Wer gerne grillt, darf sich über die vorhandene Grillstelle freuen. Die Alte Mühle im Dorf ist das Highlight bei den Besuchern. An Sonn- und Feiertagen finden Führungen über das Gelände statt.

Der Stellplatz ist geschottert und hat kostenloses WLAN für seine Camper zu bieten. Hunde sind im Preis von zehn Euro pro Nacht inklusive. Strom kostet am Tag 2,50 Euro. Frischwasser, die Entsorgung von Grauwasser und die Toilettenkassetten-Entleerung sind möglich. Bis zu 50 Prozent Schatten ist auf dem ebenerdigen Untergrund zu finden. Toiletten, Duschen und eine Beleuchtung in der Nacht sind vorhanden. Ein Tipp: Der Bauernhof nebenan hat ein eigenes Atelier, in dem Kreativkurse abgehalten werden.

STELLPLÄTZE: 12
PREIS: 10 EUR/NACHT

WOHNMOBILSTELLPLATZ LANDGASTHOF ACHTRUPER STUBEN

AN DER GASTSTÄTTE

Ladelunder Straße 24
25917 Achtrup
Tel.: +49 4662 7752 24
www.landgasthof-achtruper-stuben.de
info@achtruper-stuben.de
GANZJÄHRIG

GPS: 54.793450 N/9.026820 E

Der kostenfreie Stellplatz am Ortsrand von Achtrup liegt direkt an einer Gaststätte auf einem Parkplatz. Der kleine Ort Achtrup hat eine Tankstelle und einen Bäcker direkt in unmittelbarer Umgebung zum Platz. Von dort aus können über diverse Wanderwege herrliche Spaziergänge unternommen werden. Aber auch Ausflüge in die nächst größeren Orte Leck und Niebüll sind empfehlenswert. Wer etwas mehr Zeit mitbringt, kann auch mit dem ÖPNV zu den Fähranlegern fahren und eine der vorgelagerten Nordfriesischen Inseln, wie Sylt oder Föhr besuchen.

Da der Platz direkt an einem Restaurant liegt und kostenfrei ist, ist eine Einkehr obligatorisch. Wasser und Strom sind auf Anfrage erhältlich. Auch Hunde sind erlaubt. Nicht verfügbar sind sanitäre Anlagen, daher sollte der Platz nur von autarken Wohnmobilisten aufgesucht werden. Auch eine Entsorgung von Grauwasser oder Chemietoilette ist nicht möglich. Die freundlichen und hilfsbereiten Gastgeber geben bei Bedarf gerne noch weitere Ausflugstipps und Hinweise zur Umgebung.

STELLPLÄTZE: 3
PREIS: KOSTENLOS

WOHNMOBILSTELLPLATZ REISEMOBILHAFEN AM ERLEBNISBAD IN LECK

AM HALLENBAD

Am Stadion 3
25917 Leck
Tel.: +49 4662 7750 00
www.reisemobilhafen-leck.de
info@reisemobilhafen-leck.de
GANZJÄHRIG

GPS: 54.767350 N/8.980760 E

Der historische Ort Leck in Nordfriesland bietet Reisenden eine Abwechslung zwischen Meer und Natur. Auf der westlichen Seite präsentiert sich die Nordsee als wunderbares Ausflugsziel für die ganze Familie. Aber auch der angrenzende Langenberger Forst ist für Naturliebhaber ideal zum Wandern. Der kleine Ort Leck besticht durch alte, typisch reetgedeckte Häuser und zahlreiche historische Gebäude. Aktive Urlauber sollten den Kletterpark, das Wildtiergehege oder das angrenzende Hallenbad besuchen.

Ein ÖPNV-Anschluss zur Erkundung der Gegend ist in der Nähe vorhanden. Das Zentrum des Ortes kann aber auch problemlos zu Fuß erreicht werden. Die ausgewiesenen Plätze auf einem Parkplatz liegen teilweise schattig und haben einen ebenen Untergrund, sodass auch Wohnmobile über acht Meter den Platz anfahren können. Er ist nachts beleuchtet und die Gebühr wird einfach an einem Parkscheinautomaten entrichtet. Das WLAN sowie die Entsorgung des Grauwassers und der Chemietoilette sind im Preis bereits enthalten. Für Frischwasser sind 1 € pro 80 l und für Strom 50 Cent pro kWh zu entrichten. Der Stellplatz ist barrierefrei. Hunde sind erlaubt.

STELLPLÄTZE: 20
PREIS: 7,50 EUR/NACHT

MECKLENBURG-VORPOMMERN

WOHNMOBILSTELLPLATZ WIETSTOCKER WEITBLICK

AM BAUERNHOF

Dorfstraße 32
17379 Wietstock
Mobil: +49 174 6900 914
http://wietstocker-weitblick.business.site
17379wietstock@gmail.com
SAISON ANFANG MAI BIS ENDE SEPTEMBER

GPS: 53.712145 N/13.781778 E

Der Stellplatz am Ortsrand von Wietstock ist idyllisch neben einem Bauernhof gelegen. Die nächste Stadt Ueckermünde ist nicht weit entfernt. Die Hafenstadt am Stettiner Haff bietet neben interessanten Stadtführungen auch kulturelle Veranstaltungen und die Möglichkeit zu Radtouren oder Wassersport. Zu erreichen ist die Stadt über den ÖPNV-Anschluss am Stellplatz. Die ruhige Lage am Hof des Betreibers lädt aber geradezu ein, einfach nur die Ruhe zu genießen und die Tiere zu beobachten.

Die Kosten des Platzes sind beim freundlichen Betreiber zu entrichten. Das Grillen ist auf dem Platz erlaubt und es wird ein Gasflaschenservice angeboten. Der beleuchtete Platz ist überwiegend eben und die Wohnmobile stehen größtenteils schattig. Die Entsorgung der Chemietoilette und des Grauwassers ist möglich. Ebenso sind sanitäre Anlagen wie WC und Dusche auf dem Platz zu finden und im Preis inklusive. Für Frischwasser wird ein Betrag von 1 € pro Minute? verlangt und für Strom 2 € pro 2 kWh. Hunde sind auf dem Platz herzlich willkommen.

STELLPLÄTZE: 3
PREIS: 9 EUR/NACHT **NEU 06/22:** 14 EUR/NACHT

MECKLENBURG-VORPOMMERN

WOHNMOBILSTELLPLATZ AM GLEVINER PLATZ IN GÜSTROW

Gleviner Platz
18273 Güstrow
Tel.: +49 3843 7691 04
http://www.guestrow.de,
info@guestrow-tourismus.de
GANZJÄHRIG

GPS: 53.791130 N/12.180620 E

Der Wohnmobilstellplatz am Gleviner Platz in Güstrow liegt zentrumsnah auf einem Parkplatz, ist teils schattig und bietet einen herrlichen Blick ins Grüne. Das Zentrum von Güstrow ist problemlos zu Fuß erreichbar, in der Nähe befindet sich ebenfalls ein Anschluss an die öffentlichen Verkehrsmittel. Ebenso gibt es unweit des Stellplatzes eine öffentliche Toilette, die benutzt werden kann. Einkaufsmöglichkeiten für den täglichen Bedarf sowie eine Bäckerei sind in wenigen Gehminuten erreichbar. Achtung: Wasser und Strom sind nicht vorhanden. Der Platz eignet sich bestenfalls für einen Zwischenstopp.

Wer bei seinem Aufenthalt etwas unternehmen möchte, kann in Güstrow die Altstadt, das Schloss und verschiedene Museen besichtigen. Güstrow ist ein guter Ausgangspunkt, um das Umland zu erkunden. Ob Rostock oder Schwerin, von hier aus lassen sich verschiedene Sehenswürdigkeiten und Landschaften von Mecklenburg-Vorpommern entdecken. Ebenso gibt es viele Wander- und Fahrradwege, die unter anderem an den zahlreich vorhandenen Seen vorbeiführen. Hunde sind im Übernachtungspreis enthalten. Entsorgung Chemie-WC: 50 Cent, WC: 50 Cent.

STELLPLÄTZE: 3
PREIS: KOSTENLOS

MECKLENBURG-VORPOMMERN

WOHNMOBILSTELLPLATZ AM FERIENHAUS IN WENDORF

Bahnweg 3
18442 Wendorf
Mobil: +49 151 2303 2535
fred-stange@t-online.de
ANFANG APRIL BIS ENDE MÄRZ

GPS: 54.2474991 N/13.1213979 E

In sehr ruhiger Lage direkt am Wald befindet sich am Ortsrand von Teschenhagen der Wohnmobilstellplatz am Ferienhaus in Wendorf. Der Stellplatz ist beleuchtet und der Untergrund befestigt. Eine vorherige Stellplatz-Reservierung ist möglich. V+E ist ganzjährig verfügbar. Eine Anreise ist täglich zwischen 13 und 22 Uhr möglich. Zum Zentrum von Stralsund sind es etwa zehn Kilometer.

Der Wohnmobilstellplatz eignet sich bestens zum Erholen und um einfach ein paar Tage Ruhe zu genießen. In der Umgebung gibt es zahlreiche Ausflugsmöglichkeiten wie einen Tierpark, verschiedene Seen sowie die Stadt Stralsund samt ihrer Sehenswürdigkeiten wie dem Meeresmuseum und dem Hafen. Auch Wandermöglichkeiten und Radwege sind vorhanden. So lässt sich die Natur am besten erkunden. Der Stellplatz ist mit reichlich Grün und einem kleinen Teich angelegt. Eine Feuerstelle lädt zu gemütlichen Abenden ein. Die Entsorgung von Grauwasser und des Chemie-WCs sind, ebenso wie der Aufenthalt von Hunden, im Übernachtungspreis enthalten. WLAN ist gegen Gebühr vorhanden. Strom: 50 Cent/kWh, Wasser: 1 Euro/100 Minuten

STELLPLÄTZE: 6
PREIS: 10 EUR/NACHT

MECKLENBURG-VORPOMMERN

WOHNMOBILSTELLPLATZ AM CRIVITZER SEE

AM SEE

Geschwister Scholl Straße
19089 Crivitz
Tel.: +49 6184 5990
http://www.stadt-crivitz.de
crivitz@stadt-crivitz.de
GANZJÄHRIG

GPS: 53.57933 N/11.64021 E

Am Ortsrand von Crivitz befindet sich der Wohnmobilstellplatz des gleichnamigen Sees. Der Stellplatz liegt idyllisch, ruhig und bietet einen Blick über das Schilf und den See. Der Untergrund ist teils uneben, teils schattig und besteht hauptsächlich aus Wiese. Auch Wohnmobile, die länger als 8 Meter sind, finden hier einen Platz. Im Ort Crivitz gibt es verschiedene Einkaufs- und Einkehrmöglichkeiten, ein Bäcker ist rund einen Kilometer entfernt. Achtung: V+E ist im Winter nicht verfügbar und Reservierungen sind nicht möglich.

Ob Kurztrip oder Zwischenstopp, der Wohnmobilstellplatz ist ein idealer Ort zum Entspannen oder Erkunden der umliegenden Natur. Am Crivitzer See direkt kann geangelt werden, außerdem lässt er sich auf einem Rundwanderweg erkunden. In der Umgebung gibt es zahlreiche weitere Seen, welche auf Wander- und Radwegen besucht werden können und dazu Bademöglichkeiten bieten. Darüber hinaus ist es möglich, auf der Warnow Kanu zu fahren. Wer Sightseeing mag, sollte hingegen einen Besuch der Stadt Schwerin einplanen. Die Aufnahme von Wasser, die Entsorgung von Grauwasser, und des Chemie-WCs im Übernachtungspreis enthalten. Ebenso der Aufenthalt von Hunden. Strom: 60 Cent/kWh, bezahlbar nur am Münzautomat.

STELLPLÄTZE: 3
PREIS: 10 EUR/NACHT

STELLPLATZ DORFREPUBLIK RÜTERBERG IN DÖMITZ

Ringstraße 2
19303 Dömitz
Mobil: +49 179 2663 611
www.wohnmobil-rueterberg.de
wohnmobil-rueterberg@web.de
GANZJÄHRIG

GPS: 53.151852 N/11.184490 E

Einige Relikte aus DDR-Zeiten verleihen dem Ort Rüterberg noch heute ein einzigartiges Flair. Ein weiteres geschichtliches Highlight ist eine Grenzfestung aus dem 16. Jahrhundert. Die gut erhaltene Anlage gilt als ein in Norddeutschland einzigartiges Denkmal. Vom Rütersberg aus genießt man einen wunderbaren Blick auf die Elbtalaue. Dies ist mit ein Grund dafür, dass der Platz ein idealer Ausgangsort für Wander- und Radtouren ist.

Der auf einem ausgewiesenen Areal befindliche Stellplatz verfügt über einen Brötchenservice und einen Kiosk. Die teilweise schattigen Plätze haben als Untergrund eine ebene Wiese, auf der auch Wohnmobile über acht Meter Länge ihren Platz finden. Die Kosten betragen 8 € + 1€ je Erwachsenen. Zu entrichten ist der Betrag direkt beim Betreiber des Platzes. Zusätzliche Kosten können entstehen durch die Entsorgung von Grauwasser (1 €), der Nutzung von Strom (2 €) und der Nutzung der Dusche (1 € je Vorgang). Für die Auffüllung des Frischwassers sind 1 € je 50 Liter zu bezahlen. Hunde sind hingegen im Preis inbegriffen.

STELLPLÄTZE: 5
PREIS: 10 EUR/NACHT

WOHNMOBILSTELLPLATZ SCHWEDENHOF/ALTER STALL IN GALLIN-KUPPENTIN

Seestraße 37
19386 Gallin-Kuppentin
Mobil: +49 176 3490 9145
meckschwedenranch@web.de
GANZJÄHRIG

GPS: 53.500880 N/12.167350 E

Der Wohnmobilstellplatz Schwedenhof / Alter Stall in Gallin-Kuppentin liegt am Rand des Ortsteils Daschow. Der Platz ist mit Schotterrasen und Wiese ausgestattet. Eine Stellplatz-Reservierung ist möglich und gerade in der Hauptsaison erwünscht. Die Stellplätze sind großzügig angelegt, sodass auch Wohnmobile, die länger als 8 Meter sind, problemlos Platz finden. Die Betreiber haben vor Ort eine eigene Imkerei und bieten neben Honig aus eigener Produktion auch selbst gemachte Marmelade an. Eine Grillstelle mit Feuerschale ist vorhanden.

Die nächst größeren Orte Lübz und Plau am See mit Einkaufsmöglichkeiten sind rund acht Kilometer entfernt. Am Stellplatz selbst befindet man sich mitten in der Natur und kann vor allem ausgiebig Ruhe genießen. Der Darschower See ist in unmittelbarer Nähe und zum Baden geeignet. Zu Fuß zu erreichen ist auch das Schloss Darschow indem es Kaffee und Kuchen gibt. Die umliegende Landschaft sowie die größeren Orte kann man am besten mit dem Fahrrad erkunden, in der Umgebung gibt es richtig schöne Spazierwege wie im Naturschutzgebiet Alte Elde und im Feuchtgebiet Daschower. WLAN und Hunde sind im Übernachtungspreis enthalten. Strom: 50 Cent/kWh, Wasser: 1 Euro/Tag, Entsorgung Grauwasser: 1 Euro, Entsorgung Chemie-WC: 1 Euro.

STELLPLÄTZE: 25
PREIS: 8 EUR/NACHT

WOHNMOBILSTELLPLATZ SCHWARZBIEROASE IN HOHEN PRITZ

AM SEE

Borkower Weg 4
19506 Hohen Pritz
Mobil: +49 173 6351 283
http://www.schwarzbieroase.de
schwarzbieroase@web.de
ANFANG JUNI – ENDE SEPTEMBER

GPS: 53.64038 N/11.9485 E

Am Ortsrand von Klein Pritz befindet sich der Wohnmobilrastplatz „Schwarzbieroase". Der Platz ist geschottert und sehr ruhig sowie erholsam gelegen. Die Autobahn A14 ist in etwa einer halben Stunde zu erreichen. Der Stellplatz eignet sich daher bestens für einen kurzen Zwischenstopp. Der Kleinpritzer See ist nur wenige Hundert Meter entfernt. Die „Schwarzbieroase" selbst ist eine Outdoor-Kneipe, in der es kleine hausgemachte Speisen gibt.

In den Sommermonaten gibt es verschiedene Möglichkeiten zum Baden. Unter anderem kann man gegen Gebühr einen schön angelegten Badestrand am gegenüberliegenden Campingplatz nutzen. Der Stellplatz ist außerdem ein guter Ausgangspunkt, um die seenreiche Landschaft mit dem Fahrrad oder zu Fuß zu erkunden. Besonders schön ist dabei beispielsweise direkt der 15 km lange Rundweg um den Kleinpritzer See. Auch Angeln ist am See möglich. Schwerin mit seinen zahlreichen Sehenswürdigkeiten ist mit dem Auto in rund 45 Minuten zu erreichen. Entsorgung Grauwasser, Frischwasser und Hunde sind im Übernachtungspreis enthalten. Auf dem gegenüberliegenden Campingplatz ist Duschen gegen Gebühr möglich.

STELLPLÄTZE: 2
PREIS: 6 EUR/NACHT

WOHNMOBILSTELLPLATZ WOHNMOBILPARKPLATZ BLEICHWIESE IN HITZACKER/ELBE

Marschtorstraße/Neues Elbufer
29456 Hitzacker/Elbe
Tel.: +49 5862 9697 0
www.hitzacker.de
touristinfo@hitzcker.de
GANZJÄHRIG

GPS: 53.149323 N/11.051053 E

Direkt in Flussnähe in Hitzacker befindet sich dieser kostenfreie Parkplatz. Das Zentrum von Hitzacker ist zu Fuß zu erreichen und bietet viele Möglichkeiten der Freizeitgestaltung. In Hitzacker befindet sich für heiße Tage ein Freibad. Ein Lebensmittelgeschäft ist in weniger als einem halben Kilometer zu Fuß zu erreichen, aber auch ein ÖPNV-Anschluss ist am Platz zu finden. Da Hitzacker in den Elbtalauen liegt, ist der Stellplatz ein optimaler Ausgangspunkt für Radtouren oder Spaziergänge.

Am Platz gibt es WLAN. Auch die mobile Netzabdeckung ist gut. Die Entsorgung von Grauwasser und der Chemietoilette ist möglich und für Durchreisende gibt es eine kostenlose Ver- und Entsorgung. Für Übernachtungsgäste des Platzes kann das Frischwasser für 2 € pro 80 Liter aufgefüllt werden. Strom nutzt man für 2 € sechs Stunden lang. Ebenso ist ein WC am Platz und eine Dusche, die für 2 € pro Vorgang genutzt werden kann. Hunde sind erlaubt. Wichtig zu wissen ist, dass auf dem Platz maximal drei Nächte verbracht werden dürfen.

STELLPLÄTZE: 60
PREIS: KOSTENLOS

BREMEN

WOHNMOBILSTELLPLATZ BREMER SCHWEIZ IN BREMEN

STÄDTE-TRIP

Im Pohl 5
28717 Bremen
Tel.: +49 0179 5389 704
www.stellplatz-lesumer-schweiz.de
kontakt@stellplatz-lesumer-schweiz.de
GANZJÄHRIG

GPS: 53.167620 N/8.695600 E

Nah der Weser gelegen ist dieser Stellplatz ein kleines Idyll am Stadtrand der Hansestadt Bremen. Mit der Straßenbahn, die unweit des Platzes abfährt, erreicht man in 15 Minuten die Stadtmitte mit ihren zahlreichen Einkaufsmöglichkeiten, Museen oder der historischen Altstadt samt der Bremer Stadtmusikanten. Sogar Fußballfans können auf ihre Kosten kommen und dem bekannten Weserstadion, direkt am Wasser, einen Besuch abstatten. Wer lieber die Ruhe genießen möchte, kann das mit diesem Platz als Ausgangspunkt für zahlreiche Rad- und Wanderwege ebenso gut machen.

Der extra für Wohnmobile angelegte Platz verfügt über einen Untergrund aus Schotter und ist in einzelne Parzellen eingeteilt. Die Gebühr für den Platz wird über einen Parkscheinautomaten eingezogen. WLAN ist am Platz nicht vorhanden. Aufgrund der umliegenden hohen Bäume kann auch der Empfang des SAT-Signals gestört sein. Die Entsorgung des Grauwassers und der Chemietoilette ist im Preis inbegriffen. Die Versorgung mit Frischwasser kostet 1 € pro 10 Minuten; Strom 50 Cent pro kWh. Sanitäre Anlagen sind am Platz nicht vorhanden. Hunde sind erlaubt.

STELLPLÄTZE: 7
PREIS: 5 EUR/NACHT

NIEDERSACHSEN

WOMO STELLPLATZ LÜBBERSTEDT

Am Bahnhof 9a
21376 Gödenstorf
Tel.: +49 4175 4006 691
http://www.reederei-bartels.de
office@reederei-bartels.de
GANZJÄHRIG

GPS: 53.1964025 N/10.1025342 E

Grüne Wiesen und weite Felder: Diese Landschaften erwarten Campingurlauber mit Wohnmobilen bis zu acht Metern, die den Womo Stellplatz Lübberstedt in Gödenstorf ansteuern. Der Platz bietet Schatten und eine gerade Stellfläche auf einer Wiese an. Ein geteerter Weg führt die Camper zu den Stellflächen.

Für die Nutzung von Strom, Frischwasser und die Entleerung von Grauwasser fallen jeweils zwei Euro am Tag an. Ein Hinweis: Der Platz ist videoüberwacht, sodass eine ruhige und entspannte Nacht bevorsteht. WLAN ist im Preis inbegriffen, sodass abends Filme gestreamt werden oder mit den Freunden per Video telefoniert werden kann. Tagsüber nutzen die Urlauber gerne die ausgeschilderten Rad- und Wanderwege, um die frische Luft der Natur zu spüren. Ein Spaziergang mit dem Hund ist ebenfalls möglich, da Hunde auf dem Platz willkommen sind. Der angrenzende Badesee, der Spielplatz und das Freibad sind vor allem in den Sommermonaten sehr beliebt.

STELLPLÄTZE: 7
PREIS: 8 EUR/NACHT

WOHNMOBILSTELLPLATZ HOTEL SCHÜTZENHOF IN AHLERSTEDT

AN DER GASTSTÄTTE

Stader Straße 2
21702 Ahlerstedt
Tel.: +49 4166 8420 0
https://www.schuetzenhof-ahlerstedt.de
info@schuetzenhof-ahlerstedt.de
GANZJÄHRIG

GPS: 53.4037692 N/9.4511846 E

Der ordentliche und gepflegte Stellplatz bietet große Plätze mit ausreichend Platz. Im direkt angrenzenden „Schützenhof" gibt es vorzügliches Essen. Für die Versorgung bietet sich der direkt gegenüberliegende Supermarkt an. Der Stellplatz ist ruhig gelegen! In nur wenigen Minuten ist das Zentrum von Ahlerstedt zu Fuß zu erreichen. Dort gibt es weitere Restaurants und Cafés. In unmittelbarer Nähe befinden sich hervorragende Fahrrad- und Wanderwege. Sehenswert ist das Kloster Zeven, nur wenige Minuten entfernt. Dank der guten Anbindung an den ÖPNV ist die direkte Umgebung sehr gut erreichbar.

Die Kosten für den Stellplatz liegen bei günstigen 10 Euro pro Nacht. Zu betonen ist, dass bereits alle Kosten enthalten sind. Damit fallen im Gegensatz zu vielen anderen Stellplätzen keine Extragebühren für Wasser, Strom oder WC an. Eine Toilette befindet sich direkt im anliegenden Hotel „Schützenhof„ und kann kostenfrei genutzt werden. Hunde sind auf dem Gelände kostenfrei gestattet. Die Bezahlung erfolgt direkt vor Ort im Hotel „Schützenhof".

STELLPLÄTZE: 10
PREIS: 10 EUR/NACHT

REISEMOBILHAFEN NAUTIMO IN WILHELMSHAVEN

AM HALLEN- UND FREIBAD

Sportforum/Friedenstraße 95-99
26386 Wilhelmshaven
Mobil: +49 172 5150 828
http://www.nautimo.de
bernd.lohss@sww-gmbh.de
GANZJÄHRIG

GPS: 53.536260 N/8.097570 E

Der Reisemobilhafen Nautimo ist direkt am Erlebnisbad Nautimo in Wilhelmshaven gelegen. Die Plätze sind teils schattig und auf geschottertem sowie gepflasterten Untergrund angeordnet. Der Reisemobilhafen ist videoüberwacht, beleuchtet sowie barrierefrei und bietet großzügige Stellplätze, auf denen auch Wohnmobile mit einer Länge über 8 Meter einen Platz finden. Während der Öffnungszeiten des Schwimmbads können dort WC und Dusche genutzt werden. Das Bistro im Bad kann ebenso besucht werden. Hier gibt es auch Speisen zum Mitnehmen. Darüber hinaus besteht die Möglichkeit eines Frühstücks- bzw. Brötchenservices.

Neben der Entspannung im Erlebnisbad mit Sauna bietet Wilhelmshaven noch weit mehr. Es gibt Sehenswürdigkeiten wie ein Aquarium, das Deutsche Marinemuseum, das Wattenmeerhaus sowie die Kaiser-Wilhelm-Brücke, das als Wahrzeichen der Stadt gilt. Im nebenanliegenden Stadtpark sowie am Deich lassen sich außerdem Meer und Natur genießen. In die Stadt und zur Promenade sind es zu Fuß rund 20 – 30 Minuten. Einkaufsmöglichkeiten sind nur wenige Hundert Meter vom Wohnmobilstellplatz entfernt. Entsorgung von Grauwasser und Chemie-WC, WC, WLAN und Hunde sind im Übernachtungspreis enthalten. Strom: 60 Cent/kWh, Wasser: 10 Cent/10 Liter, Dusche: 1 Euro/30 Min., V+E für Durchreisende: 2 Euro.

STELLPLÄTZE: 26
PREIS: 10 EUR/NACHT **NEU 06/22:** 12 EUR/NACHT

NIEDERSACHSEN

WOHNMOBILSTELLPLATZ SCHÜTZENPLATZ ESENS

Am Schützenplatz
26427 Esens
Tel.: +49 4971 9171 21
http://www.bensersiel.de
camping@bensersiel.de
GANZJÄHRIG

GPS: 53.639430 N/7.609700 E

In Esens übernachten Camper ruhig auf dem Wohnmobilstellplatz am Schützenplatz. Der Platz hat 20 Stellflächen zu bieten, die mit Rasengitter ausgelegt sind. Die Stadt Esens ist nicht weit von Bensersiel entfernt, wo es schöne Strandpromenaden und Heilbäder an der Nordseeküste gibt. Esens ist ein malerisches Örtchen, das eine kleine Altstadt mit Cafés und Restaurants besitzt. Vor dem Stellplatz ist eine Bushaltestelle zu finden.

Für die Entsorgung von Grauwasser und die Entleerung von Toilettenkassetten ist gesorgt. Strom kostet einen Euro pro kWh. Ein Hinweis: Bis zu drei Übernachtung sind erlaubt und der Preis von sechs Euro die Nacht für zwei Personen inklusive Hund sind am Parkscheinautomaten zu zahlen. Hinzu kommt eine Kurtaxe von 2,80 pro Tag für einen Erwachsenen und für Kinder sind 1,10 Euro fällig. Damit ist der Strandzugang in Bensersiel gestattet, der auch einen Abschnitt für Hunde anbietet. Angeln, der Tierpark und die Marina sind nur einige Ausflugsmöglichkeiten.

STELLPLÄTZE: 20
PREIS: 6 EUR

WOHNMOBILSTELLPLATZ AM SCHÜTZENPLATZ IN BLOMBERG/LIPPE

Hauptstraße 26A
26487 Blomberg
Tel.: +49 4975 9193 15
http://www.holtriem.de
info@holtriem-tourismus.de
GANZJÄHRIG

GPS: 53.577064 N/7.558671 E

Mitten im Dorfzentrum befindet sich der Stellplatz, der rondellartig angelegt ist. Das macht es für Wohnwagen und Wohnmobile aller Art bis fünf Tonnen möglich, auf dem ebenerdigen Untergrund zu campen. Die Stellfläche ist mit Rasengitter bestückt und am Rand befinden sich einige Bäume. Am Ort sind gleich mehrere Bäckereien und Supermärkte vorhanden, sodass die Camper sich gut selber versorgen können. Mit dem Fahrrad geht es rund 15 Kilometer den Radweg bis nach Bensersiel entlang: Dort angekommen wartet die Nordsee auf einen mit einer steilen Brise und einem schönen Fischerstädtchen. Die vielen Städte, die auf -siel enden, sind mit dem Auto in wenigen Minuten zu erreichen und bieten Kibbeling, Krabbenbrötchen und zahlreiche Thermen an.

Das Zentrum ist gut zu Fuß zu erreichen und eine Haltestelle ist direkt am Platz gegeben. Für Strom und Frischwasser sind je ein Euro für eine kWh bzw. für einen unbegrenzte Literzahl am Tag beim Betreiber vor Ort zu zahlen. Die Grauwasser- oder Chemie-WC-Entsorgung kostet ebenfalls 1 Euro. Die Übernachtung für zwei Personen inklusive Hund kostet 5 Euro. Ein Hinweis: Der Betreiber bietet kostenloses WLAN an: Das Passwort ist bei der Anreise anzufordern.

STELLPLÄTZE: 20
PREIS: 5 EUR/NACHT

NIEDERSACHSEN

WOHNMOBILSTELLPLATZ AN DER FRIESENTHERME IN EMDEN

AM THERMALBAD

Theaterstraße 2
26721 Emden
Tel.: +49 4921 3960 00
http://www.friesentherme-emden.de
info@friesentherme-emden.de
GANZJÄHRIG

GPS: 53.374170 N/7.201910 E

Kostenlos campen und eine Therme direkt nebenan: Das klingt zu schön, um wahr zu sein? Der Stellplatz an der Friesentherme in Emden bietet genau das an! Vier Stellplätze stehen zur kostenlosen Nutzung das ganze Jahr über bereit. Dabei befindet sich der Stellplatz mitten im Herzen Ostfrieslands. In Otto Waalkes Heimatstadt gibt es viel zu entdecken und die Nordseeküste ist nicht weit entfernt. Die schöne Innenstadt lädt zum Flanieren und Shoppen ein, während das Theater und die Oper um die Ecke einen vergnüglichen Abend bereiten. Ein Hinweis: Der Hafen der Marina ist in der Nähe und eignet sich gut, um ein Boot auszuleihen. Kanufahren ist ebenfalls möglich. Für mehr Erholung ist die Friesentherme perfekt, die mit Wellness, Therme und Heilbäder punktet.

Der Stellplatz ist mit Kopfsteinpflaster ausgelegt und bietet Platz für Wohnmobile mit bis zu acht Metern an. Schatten ist leider keiner vorhanden: Das gilt auch für Frischwasser oder für die Entsorgungsstation für Grauwasser. Strom kostet 50 Cent pro kWh und Hunde sind ebenfalls kostenfrei.

STELLPLÄTZE: 4
PREIS: KOSTENLOS

NIEDERSACHSEN

REISEMOBILHAFEN OSTRHAUDERFEHN

Liebigstraße 8
26842 Ostrhauderfehn
Tel.: +49 4952 8054 4
www.overledingerland.de
info@ostrhauderfehn.de
GANZJÄHRIG

GPS: 53.139050 N/7.623050 E

Dieser Stellplatz in Ostfriesland ist sowohl für die Durchreise als auch für längere Aufenthalte gut geeignet. Für Aktivurlauber stehen am Platz ein Fahrradverleih sowie ein E-Bike-Verleih zur Verfügung. Durch die Region führen unter anderem die Fehnroute und die Moorerlebnisroute. Auch der Idasee mit einer Wasserskianlage ist nicht weit entfernt. Im Sommer finden am Platz kleinere Veranstaltungen, wie zum Beispiel Grillabende oder Teezeremonien statt, hierfür steht ein Aufenthaltsraum zur Verfügung.

Der Stellplatz im Herzen Ostfrieslands ist befestigt, barrierefrei und verfügt teilweise über asphaltierte Plätze. Vor dem Platz ist eine Anbindung an den ÖPNV. Einkaufsmöglichkeiten sind direkt im Ort zu finden. WLAN und Hunde sind in den Gebühren inbegriffen. Die Kosten für den Stellplatz sind beim Platzwart zu entrichten. Neben dem Brötchenservice können auch Waschmaschinen und Trockner genutzt werden. Die Versorgung mit Frischwasser kostet 10 Cent pro 10 Liter und Strom ist für 1 € pro 2 kWh zu beziehen. Die Entsorgung von Grauwasser und der Chemietoilette ist inklusive, ebenso wie die Toilettenbenutzung, eine Dusche kostet 50 Cent.

STELLPLÄTZE: 32
PREIS: 7 EUR/NACHT

STELLPLATZ VOLKERS IN NORDENHAM

Deichstraße 158
26954 Nordenham
Tel.: +49 1511 0823 931
http://www.ferien-handwerkerhof.de
petra.schmeyer@ferien-handwerkerhof.de
GANZJÄHRIG

GPS: 53.199960 N/7.991830 E

Der Stellplatz in Nordenham ist ein echter Geheimtipp für Camper, die in der Nähe des Weserdeiches einen ruhigen Platz zum Campen suchen. Der ehemalige Handwerkerhof bietet heute Platz für bis zu 14 Wohnmobile mit bis zu maximal acht Metern. Lebensmittelgeschäfte, Restaurants und Bars sind in rund zwei Kilometern in Blexen gut zu erreichen. Ein ausgebauter Fahrradweg führt dorthin. Er ist ideal für die Naherholung.

Die Zubringerstraße ist mit Kopfsteinpflaster versehen und der Stellplatz selber mit Schotter und Rasen ausgelegt, sodass ein ebenerdiges Stehen möglich ist. Das bringt einen ruhigen Schlaf und sorgt dafür, dass der morgendliche Kaffee nicht verschüttet wird. Auch sonst gibt es viel zu entdecken: z. B. die schöne Altstadt mit der Saalkirche St. Hippolyt aus dem 12. Jahrhundert direkt im Ortskern. Ein Tipp: Eine Fähre in der Nähe führt über die Weser nach Bremerhaven und dreht mehrmals täglich ihre Runden. Damit ist ein Ausflug in die Großstadt ohne Auto möglich.

Hunde sind willkommen und inklusive. Für Strom zahlen die Gäste rund 50 Cent pro kWh und 10 Cent für 10 Liter Frischwasser. Für die Dusche ist 1 Euro für vier Minuten fällig. WLAN und Toiletten sind kostenlos. Das gilt auch für die vorhandenen Waschmaschinen und -trockner.

STELLPLÄTZE: 14
PREIS: 5 EUR/NACHT

WOHNMOBILSTELLPLATZ WESERBLICK IN HOYA

AM FLUSS

Stettiner Straße
27318 Hoya
Tel.: +49 4251 8154 7
https://www.grafschaft-hoya.de
tourismus@hoya-weser.de
GANZJÄHRIG

GPS: 52.799720 N/9.145590 E

Dieser Wohnmobilstellplatz auf einer Wiese ist direkt am Fluss gelegen und bietet herrliche Möglichkeiten für Ausflüge in die direkte Umgebung. Das Zentrum von Hoya ist zu Fuß gut erreichbar und bietet mit einem Schloss, dem pittoresken Ortskern, einem Freizeitbad inkl. Riesenrutsche und einer Minigolfanlage vielfältige Freizeitmöglichkeiten. Einkaufsmöglichkeiten und gute Restaurants sind in wenigen hundert Metern erreichbar. Der Stellplatz bietet Stromanschlüsse sowie Möglichkeiten zur Entsorgung von Grauwasser und der Toilettenkassette. Direkt am Rad bzw. Fluss gelegen, bieten sich beste Voraussetzungen für Wanderungen, Fahrradtouren und zum Angeln.

Zusätzlich zu dem sehr günstigen Übernachtungspreis von 5 Euro für bis zu maximal 14 Tagen kommen Kosten für Wasser (10 Cent/10 Liter) und Strom (60 Cent/kWh). Im Preis enthalten sind die Kosten für die Entsorgungen von Grauwasser und der Kassettentoilette. Ebenfalls im Preis integriert sind die Kosten für einen Hund oder andere Haustiere.
Die Bezahlung ist an dem Parkscheinautomat vorzunehmen.

STELLPLÄTZE: 12
PREIS: 5 EUR/NACHT

NIEDERSACHSEN

STELLPLATZ AM RIPPENHOF IN BERGEN

AM BAUERNHOF

Becklingen 5
29303 Bergen
Mobil: +49 173 9023 021
http://www.rippenhof.de
info@rippenhof.de
GANZJÄHRIG

GPS: 52.865100 N/9.905320 E

Um am Ortsrand von Becklingen günstig Urlaub zu machen, bietet sich der Stellplatz am Rippenhof mitten auf einem Bauernhof an. Dort gibt es Esel, Gänse, Ziegen und vieles mehr. Auf dem Stellplatz befinden sich gleich 20 ausgewiesene Flächen, die ebenerdig und auf einer Wiese angelegt sind. Ringsherum gibt es ausreichend Bäume, die für viel Schatten sorgen. Die Innenstadt ist in nur wenigen Minuten zu erreichen. Ein Tipp: Vor dem Bauernhof gibt es eine eigene Bushaltestelle, sodass die Camper mit dem öffentlichen Bus bis in die Stadt fahren können. Ein großer Grillplatz ist der ideale Treffpunkt am Stellplatz um neu angereiste Camper kennenzulernen.

Hunde sind im Preis inbegriffen. Die Dusche kostet 1,50 Euro pro Benutzung und Strom kostet pro Tag 2 Euro. Ein WC ist vorhanden und kostenfrei. Grauwasser- und Chemie-WC-Entsorgungen sind ebenso möglich wie eine Platz-Reservierung.

STELLPLÄTZE: 20
PREIS: 8 EUR/NACHT

WOHNMOBILSTELLPLATZ AN DER SOLTAU-THERME IN SOLTAU

AM THERMALBAD

Stubbendorfweg
29614 Soltau
Tel.: +49 5191 8448 1
http://www.soltau-therme.de
info@soltau-therme.de
GANZJÄHRIG

GPS: 52.992755 N/9.846162 E

Der Stellplatz an der Soltau-Therme wird von der Stadt geführt und ist das ganze Jahr über kostenlos. Der angrenzende Wald bietet eine Naherholung an und die Stadt ist durch einen Park in 15 Minuten zu Fuß zu erreichen. Nachts ist es sehr leise, sodass eine Erholung gegeben ist. Am nächsten Tag geht es in die benachbarte Therme, die für Groß und Klein viel anbietet.

Der Stellplatz ist mit Kopfsteinpflaster bestückt und ebenerdig. Die Bäume rundherum sorgen im Sommer für jede Menge Schatten. Hunde und Camper sind kostenlos. Dafür sind jedoch keine sanitären Anlagen, kein Frischwasser oder Strom verfügbar. Eine Übernachtung pro Camper ist gestattet.

Ein Hinweis: Der Stellplatz ist am Stubbendorfweg, etwas weiter von der Therme entfernt, sodass er nicht gleich zu finden ist. Mit der richtigen Adresse ist es aber mit dem Navi oder mithilfe der Beschilderung kein Problem. Die gut ausgeschilderten Rad- und Wanderwege bringen die Natur zu den Campern, die sich über einen gemütlichen Spaziergang im Wald freuen.

STELLPLÄTZE: 10
PREIS: KOSTENLOS

NIEDERSACHSEN

STELLPLATZ AM DEISTER IN RODENBERG

Gottlieb-Daimler-Straße 11
31552 Rodenberg
Tel.: +49 5723 9898 842
http:/www.wohnmobilstellplatz-deister.de
info@wohnmobilstellplatz-deister.de
GANZJÄHRIG

GPS: 52.30787 N/9.36804 E

Am Ortsrand von Rodenberg befindet sich der Stellplatz am Deister, der ausreichend Platz für bis zu acht Wohnmobile hergibt. Die Stellplätze sind mit hellen Kieselsteinen ausgelegt und mit einzelnen Holzstämmen abgetrennt. Eine Stellplatz-Reservierung ist beim Betreiber möglich, sodass Urlauber frühzeitig planen können. Eine Haltestelle ist zu Fuß gut zu erreichen, um in die Stadt zu gelangen. In der Nähe sind viele schöne Museen und Burgen zu besichtigen.

Der Platz ist sehr ruhig gelegen, da er auf einem kleinen Hinterhof liegt. Eine Versorgungsstation mit Frischwasser, der Entleerung von Toilettenkassette und Grauwasser ist gegeben. Die Kosten für die Entleerung sind inklusive. Für Strom sind 50 Cent pro kWh und für Frischwasser 1 Euro pro 80 Liter fällig. Kinder und Hunde sind im Preis von acht Euro pro Übernachtung inbegriffen. Ein Manko ist, dass es kaum Schatten gibt. Dafür ist der Stellplatz schön ebenerdig und es gibt einen Gasflaschenservice.
Ein Tipp: Der Brötchenservice vor Ort macht das ausgiebige Frühstück einfacher und sorgt für einen angenehmen Campingurlaub!

STELLPLÄTZE: 8
PREIS: 8 EUR/NACHT

NIEDERSACHSEN

WOHNMOBILHAFEN STEINBREITE IN HARDEGSEN

Alte Uslarer Straße 1
37181 Hardegsen
Mobil: +49 151 2710 9936
http://www.hardegsen.de
womoha@hardegsen.de
GANZJÄHRIG

GPS: 51.6506945 N/9.8224131 E

Nord-westlich von Göttingen liegt der Wohnmobilstellplatz Wohnmobilhafen Steinbreite in Hardegsen. Der Platz ist modernisiert und in einem sehr guten Zustand. Die Stellflächen verlaufen um ein U herum, das mit Schotter ausgelegt ist. Die Straße ist geteert und die Stellflächen sind mit Rasen ausgelegt. Der ebenerdige Untergrund ist auch im Sommer saftig-grün, da es reichlich Schatten gibt.

Eine der bekanntesten Sehenswürdigkeiten der Umgebung ist die Burg Hardeg. Sie ermöglicht es den Besuchern, eine Vorstellung vom mittelalterlichen Leben zu erhalten, Führungen und Einzelbesuche sind beides möglich. Ganz in der Nähe gibt es ein solarbeheiztes Thermalbad und einen Tierpark mit Streichelzoo: Beides ist für Familien mit Kindern interessant. Ein Hinweis: Das Stadtzentrum ist per Fuß leicht zu erlangen.

Wer sein Chemie-WC entleeren möchte, hat auf dem Stellplatz die Möglichkeit dazu. LAN ist inklusive und auch Hunde sind erlaubt und kostenfrei. Für acht Stunden Strom ist ein Euro zu bezahlen. Für WC und Dusche sind am Tag 2,50 Euro fällig. Bis zu drei Übernachtungen sind erlaubt.

STELLPLÄTZE: 15
PREIS: 9 EUR/NACHT

NIEDERSACHSEN

WOHNMOBILSTELLPLATZ ELBERGER SCHLIPSE IN EMSBÜREN

AM FLUSS

Elbergen 1
48488 Emsbüren
Mobil: +49 157 7127 0140
https://www.emsbueren.de
GANZJÄHRIG

GPS: 52.4687723 N/7.3013734 E, 01.02. bis 31.12.

Der einzigartige Wohnmobilstellplatz befindet sich direkt am Wasser in Hanekenfähr. Die Region eignet sich hervorragend für Radwegtouren, beispielsweise. durch die Elberger Schlipse oder entlang des Dortmund-Ems-Kanals. Auf dem Platz selbst gibt es alle notwendigen Ver- und Entsorgungsmöglichkeiten. Der Platzwart ist sehr hilfsbereit und bietet einen tollen Brötchenservice an. Im direkten Umfeld befinden sich mit der St. Andreas-Kirche, den Großsteingräbern, der Mehringer Steine und dem Freilichtmuseum Heimathof einige spannende Attraktionen. Direkt am Stellplatz ist eine gemütliche und gute Gaststätte angesiedelt. Der Stellplatz ist nur im Januar geschlossen.

Im Preis von lediglich 7,50 Euro pro Nacht sind alle Kosten außer den Stromkosten enthalten. Dafür fallen pro Tag weitere 3,50 Euro pauschal an. Keine Kosten entstehen für Frisch- und Grauwasser oder die Entsorgung der Toilette. Die Bezahlung kann direkt beim Platzwart vorgenommen werden. Für einen Hund oder jedes andere Haustier fallen keine weiteren Kosten an.

STELLPLÄTZE: 9
PREIS: 7,50 EUR/NACHT

NIEDERSACHSEN

WOHNMOBILSTELLPLATZ STRÖHER LOKSCHUPPEN IN WAGENFELD

Bahnhofstraße 29
49419 Wagenfeld
Tel.: +49 5774 9977 977
http://www.stroeher-lokschuppen.de
info@stroeher-lokschuppen.de
GANZJÄHRIG

GPS: 52.545300 N/8.596200 E

Der Wohnmobilstellplatz befindet sich an einem Rastplatz am Ortsrand von Wagenfeld und ist auf einem externen Stellplatz mit Wiese ausgelegt. Teilweise Schatten und ein ebenerdiger Untergrund bieten die perfekte Grundlage zum Camping in Niedersachsen an.

Ein Tipp: Ein echtes Highlight ist die Draisinenfahrt in der Nähe. Die Moorbahnfahrt ist absolut empfehlenswert für Groß und Klein. In der Region sind Kraniche oftmals zu sehen, die ihren Weg von oder nach Skandinavien im Herbst und Sommer antreten. Ein Tipp: Der Tierpark und der Golfplatz sind nur wenige Kilometer vom Stellplatz entfernt: Diese und noch viele weitere Ausflugsmöglichkeiten erwarten die Campingurlauber, die das ganze Jahr über auf dem Stellplatz campen können. Eine Reservierung ist möglich und ein Besuch im Biergarten, im Restaurant oder beim nahe gelegenen Imbiss sorgen für eine lokale Verpflegung.

Hunde sind erlaubt und es ist kein Kostenzuschlag nötig. Strom und die Entleerung von Grauwasser und der Toilettenkassette sind inklusive. Für 80 Liter Frischwasser sind je ein Euro beim Betreiber vor Ort zu zahlen.

STELLPLÄTZE: 25
PREIS: 10 EUR/NACHT

STELLPLATZ AM EMSTAL-CAMP IN SUSTRUM

AM FLUSS

Brinkstraße 14
49762 Sustrum
Tel.: +49 5939 9599 860
http://www.emstal-camp.de
info@campingplatz-emstal.de
ANFANG APRIL BIS ANFANG OKTOBER

GPS: 52.910590 N/7.303940 E

Wer in der Nähe von Sustrum Campingurlaub machen möchte, ist mit diesem Stellplatz für maximal sechs Wohnmobile bestens beraten. Der Stellplatz befindet sich etwas außerhalb der Stadt und ist in unmittelbarer Nähe zur Ems gelegen. Die nächst größeren Städte wie etwa Walchum, Dörpen oder Papenburg sind nur einige Autominuten entfernt, sodass ein Ausflug zum Shoppen oder für Museumsbesuche möglich ist. Der Ems-Radweg lädt zum Wandern und Radfahren ein und die Ems selber ist ideal zum Kanufahren. Das umgebene Naturschutzgebiet bietet Naherholung für Groß und Klein und bringt den Campern die Natur bis an die Tür des Campers.

Hunde sind auf dem Stellplatz erlaubt und inklusive. Der beleuchtete Stellplatz mit Kiosk ist ebenerdig und weist einige schattige Plätze auf. Ein Tipp: Der Brötchen- und Gasflaschenservice ist für Camper perfekt, um entspannt Urlaub zu machen. Wasser, Strom und die Entsorgung von Grauwasser sind möglich. Strom kostet am Tag 2,50 Euro.

STELLPLÄTZE: 6
PREIS: 10 EUR/NACHT

SACHSEN-ANHALT

WOHNMOBILSTELLPLATZ WANDERLUST IM ILSETAL

Ilsetal 6
38871 Ilsenburg
Mobil: +49 152 5321 0757
www.wanderlust-ilsetal.de
kontakt@wanderlust-ilsetal.de
GANZJÄHRIG

GPS: 51.853845 N/10.670184 E

Am Wald gelegener Stellplatz, der den idealen Ausgangspunkt für Wandertouren durch den Harz bietet. Urlauber, die es lieber etwas gemütlicher angehen wollen, können den idyllischen Ortskern von Ilsenburg besuchen und sich die Klosterkirche aus der Romanik anschauen. Für Camper, die mit Kindern reisen, kann ein Besuch im Freibad oder auf dem Spielplatz eine willkommene Abwechslung sein. Alle nahe gelegenen Orte sind entspannt mit dem öffentlichen Nahverkehr zu erreichen.

Durch verschiedene Größen der einzelnen Plätze ist es möglich, mit Wohnmobilen über 8 m Länge anzureisen oder einen Platz ohne Stromanschluss zu erhalten, wenn dies gewünscht ist. Der Untergrund besteht aus Schotter oder Rasen. Angeboten werden ein Brötchenservice und ein Gasflaschenservice. Das WLAN ist inklusive. Frischwasser kann man für 1 € pro 100 Liter kaufen und Strom für 0,5 € / kWh. Die Entsorgung von Grauwasser und Chemietoilette sind in den Stellplatzgebühren inklusive. Diese sind direkt beim Betreiber zu entrichten. Die Nutzung der Toilette ist für 1 € möglich und eine Dusche kostet 1 € pro 3 Minuten.

STELLPLÄTZE: 90
PREIS: 10 EUR/NACHT

SACHSEN-ANHALT

WOHNMOBILPARK HARZBLICK IN DARLINGERODE

Hinter den Gärten 11
38871 Ilsenburg
Tel.: +49 3943 6071 33
Mobil: +49 163 3275 222
www.wohnmobil-harz.de
info@wohnmobil-harz.de
GANZJÄHRIG

GPS: 51.852180 N/10.736830 E

Der Ort Ilsenburg am Nordrand des Harzes bietet zahlreiche Möglichkeiten zur Freizeitgestaltung. In der Nähe des Stellplatzes befindet sich beispielsweise ein Freibad, mehrere Klöster oder die Harzer Schmalspurbahn. Ebenso lassen sich von hier aus Touren auf den ausgewiesenen Rad- und Wanderwegen erleben. Wer eine sportliche Herausforderung sucht, kann den 26 km langen Rundwanderweg zum Gipfel des Brocken erklimmen. Wer lieber den ÖPNV nutzen möchte, findet eine Haltestelle nahezu direkt vor dem Platz, beispielsweise mit Anschluss nach Wernigerode.

Der Stellplatz selbst bietet einen ebenen Untergrund mit sonnigen Plätzen und Beleuchtung im Dunkeln. Die Möglichkeit der Stellplatzreservierung sorgt für eine entspannte Anreise. Angelangt auf dem barrierefreien Platz kann ein Gasflaschenservice in Anspruch genommen werden. Außerdem können problemlos das Grauwasser und die Chemietoilette entsorgt werden. Frischwasser bekommt man für 1€ / 100 l und Strom für 0,6 € / kWh. Möchte man außerdem das WLAN nutzen, kostet dieses 1 € pro Tag. Die Kosten sind direkt beim Betreiber zu entrichten. Sanitäre Einrichtungen sind nicht vorhanden, Hunde erlaubt.

STELLPLÄTZE: 25
PREIS: 10 EUR/NACHT **NEU 06/22:** 12 EUR/NACHT

WOHNMOBILSTELLPLATZ AN DER WASSERBURG IN WALTERNIENBURG

Güterglücker Straße
39264 Walternienburg/Zerbst
Tel.: +49 3924 7949 290
https://heinrichsgruppe.de
kontakt@heinrichsgruppe.de
GANZJÄHRIG

GPS: 51.966577 N/11.939886 E

Der ganzjährig nutzbare Parkplatz punktet durch seine schöne Aussicht auf die Wasserburg Walternienburg und die Elbauen. Die Wasserburg stammt bereits aus dem 10. Jahrhundert und ist umringt von einer hohen mittelalterlichen Ringmauer. Besucher der Burg können das Heimatmuseum im Turm aufsuchen oder die angrenzende Gaststätte für eine Stärkung nutzen. Die fünf Stellplätze auf dem Schotterrasen liegen direkt am Biosphärenreservat Mittlere Elbe, welches zu Wanderungen und kleinen Erkundungstouren einlädt. Der Elberadweg, welcher direkt am Stellplatz vorbeiführt, lässt auch Radfahrer voll auf ihre Kosten kommen.

Da es sich um einen Parkplatz mit ausgewiesenen Stellplätzen handelt, verfügt dieser nicht über sanitäre Einrichtungen (Dusche, WC), eine Stromversorgung oder WLAN. Ferner kann keine Entsorgung von Grauwasser oder Chemietoiletten vorgenommen werden. Die Nutzung mit einem Wohnwagen ist daher an ein autarkes Entsorgungssystem gekoppelt. Eine Einkaufsmöglichkeit befindet sich im nur 4 km entfernten Barby. Dieser Ort ist einfach über die Elbfähre zu erreichen. Hundebesitzer dürfen ihren vierbeinigen Freund auf diesen Stellplatz mitnehmen.

STELLPLÄTZE: 5
PREIS: KOSTENLOS

WOHNMOBILSTELLPLATZ ALTER LANDGASTHOF IN EILSLEBEN

AN DER GASTSTÄTTE

Große Straße 16
39365 Eilsleben
Tel.: +49 3929 3509 75
www.alterlandgasthof.de
diane-ruhnke@t-online.de
GANZJÄHRIG

GPS: 52.1550175 N/11.3463034 E

Wie der Name schon vermuten lässt, ist dieser Stellplatz direkt an einem Landgasthof gelegen. Neben einem Restaurantbereich gibt es außerdem einen Biergarten für den Sommer und eine Grillstelle. Das sehr gute Essen in der Gastwirtschaft wird zusätzlich ergänzt durch einen Brötchenservice. Das Zentrum des kleinen Ortes Drackenstedt ist zu Fuß zu erreichen, ebenso wie die Haltestelle für den ÖPNV mit Abfahrten Richtung Eilsleben. Obwohl auf dem Stellplatz Ruhe geboten ist, kann die Autobahn schnell erreicht werden.

Mit seinem ebenen und befestigten Untergrund aus Schotterrasen ist der Platz barrierefrei und für Wohnmobile über 8 m Länge bestens geeignet. Ein besonderer Vorteil ist die Stellplatzreservierung, was die Anreise erheblich erleichtert. Hunde sind auf dem Platz ebenfalls gern gesehene Gäste. Eine Entsorgung der Chemietoilette sowie eine Versorgung mit Frischwasser sind nicht gegeben. Für 5 € pro Tag kann man Strom erhalten. Die Nutzung eines WCs ist im Preis mit inbegriffen, eine Dusche hingegen nicht vorhanden. Alle Kosten sind direkt beim Betreiber zu entrichten.

STELLPLÄTZE: 4
PREIS: 10 EUR/NACHT

SACHSEN-ANHALT

STELLPLATZ STORCHENWIESE IN ALAND

Lindenweg/Eichenwinkel
39615 Aland/Wahrenberg
Tel.: +49 3939 7411 71
Mobil: +49 152 0288 9478
u.gieske@t-online.de
GANZJÄHRIG

GPS: 52.982470 N/11.672550 E

Wer die Nähe zur Natur liebt, ist auf diesem Stellplatz genau richtig. Die ruhige Ortsrandlage von Wahrenberg ist ideal zum Entspannen, kann aber auch als Ausgangspunkt für aktive Ausflüge genutzt werden. Das nördlichste Elbdorf Sachsen-Anhalts ist auf einer Seite begrenz durch die Elbe, während auf der anderen Seite weitläufige Felder und ursprüngliche Landschaften locken. Seinen Ruf als Storchendorf hat Wahrenberg den mehr als 10 Storchenhorsten im Ort zu verdanken. Eines davon liegt direkt in Blickrichtung des Stellplatzes. Den Ortskern sowie das Flussufer erreicht man von diesem schnell und unkompliziert.

In den Stellplatzgebühren, welche direkt beim Betreiber zu entrichten sind, ist die Versorgung mit Frischwasser und die Entleerung der Chemietoilette inklusive. Eine Entsorgung des Grauwassers ist nicht möglich. Wer Strom erhalten möchte, kann diesen für 4 € pro Tag buchen. Ein WLAN gibt es allerdings nicht. Camper auf der Durchreise zahlen für Ver- und Entsorgung 3 € Gebühren. Hünde übernachten für 2 €. Zu empfehlen ist der Stellplatz nur für autarke Wohnmobile, da keine sanitären Einrichtungen vorhanden sind.

STELLPLÄTZE: 5
PREIS: 10 EUR/NACHT **NEU 06/22:** 11 EUR/NACHT

BRANDENBURG

WOHNMOBILSTELLPLATZ AN DER STEIN-THERME IN BAD BELZIG

AM THERMALBAD

Am Kurpark 15
14806 Bad Belzig
Tel.: +49 3384 1388 0
http://www.belzig.com
info@steintherme.de
GANZJÄHRIG

GPS: 52.1501005 N/12.5964811 E

Direkt an der Stein-Therme in Bad Belzig liegt auf einem Parkplatz der gleichnamige Wohnmobilstellplatz. Der Untergrund besteht aus Rasengitter, der Stellplatz selbst ist gut beleuchtet. Vor Ort ist sowohl die Müllentsorgung als auch die Entsorgung des Chemie-WCs möglich. Dank der guten Anbindung zu den Autobahnen A9 und A2 eignet sich der Wohnmobilstellplatz an der Stein-Therme bestens für einen Zwischenstopp. Einkaufsmöglichkeiten lassen sich mit dem Fahrrad in etwa fünf Minuten erreichen. An einer nahe gelegenen Tankstelle bekommt man darüber hinaus frische Brötchen.

Wer entspannen möchte, der geht direkt nebenan in die Therme mit Solebecken und Saunalandschaft. Der umliegende Naturpark Hoher Fläming lädt hingegen zu ausgiebigen Wander- und Radtouren ein. Besonders schön ist der rund 15 km lange Panoramaweg, welcher mitten durch die Stadt, den Kurpark und die Umgebung führt. Bad Belzig selbst bietet eine attraktive Altstadt mit einem Marktplatz und der sehenswerten Kirche Sankt Marien. Über dem Ort thront die Burg Eisenhardt deren Bergfried das Wahrzeichen von Bad Belzig ist. Entsorgung von Grauwasser im Übernachtungspreis enthalten. Strom: 1 Euro/6 Stunden, Wasser: 1 Euro/10 Minuten.

STELLPLÄTZE: 12
PREIS: 9 EUR/NACHT

BRANDENBURG

WOHNMOBILSTELLPLATZ CAMPERSHOF ALT WERDER IN REHFELDE

AM BAUERNHOF

Alt Werder 8
15345 Rehfelde
Mobil: +49 170 2907 030
http://www.campershof.de
info@campershof.de
GANZJÄHRIG

GPS: 52.520800 N/13.941500 E

Der Wohnmobilstellplatz Campershof Alt Werder in Rehfelde liegt ruhig an einem Bauernhof. Die Stellplätze bestehen aus befestigtem Untergrund mit Sand und Rasen. Sie liegen teilweise im Schatten. Ein Platzwart ist vorhanden. Rehfelde liegt östlich von Berlin, das Zentrum der Hauptstadt ist mit dem Zug in rund einer Stunde zu erreichen. Einkaufsmöglichkeiten und Restaurants sind vom Wohnmobilstellplatz mit dem Fahrrad leicht anzufahren.

Rund um den Wohnmobilstellplatz Campershof Alte Werder gibt es zahlreiche Ausflugs- und Freizeitangebote. So lohnt sich ein Besuch des Wildparks Johannismühle sowie des Bison- und Straußenparks. Sehenswert sind außerdem das Biosphärenreservat Schorfheide, der Naturpark Märkische Schweiz und das Urstromtal. In der umliegenden üppigen Natur kann man nicht nur mit Hund ausgiebige Spaziergänge unternehmen, sondern auch Wander- und Radtouren machen. In der Nähe ist ein Badesee, der mit dem Fahrrad gut zu erreichen ist. Wasser, Entsorgung von Grauwasser und Chemie-WC sowie Hunde sind im Übernachtungspreis enthalten. Strom: 2,50 Euro/Tag, WC: 3 Euro, V+E für Durchreisende: 5 Euro.

STELLPLÄTZE: 10
PREIS: 10 EUR/NACHT

STELLPLATZ MARTH IN LETSCHIN

Kienitzer Oderstraße 20
15423 Letschin
Tel.: +49 3347 8459 6
marth40@gmx.de
ANFANG APRIL BIS ENDE OKTOBER

GPS: 52.67653 N/14.39821 E

Am Ortsrand von Kienitz Nord befindet sich der Stellplatz Marth in Letschin, wunderbar eingebettet in die Natur. Die acht Stellplätze befinden sich auf einer Wiese und liegen durch Tannen auf dem Gelände teils schattig. Wird das WC dazu gebucht, so ist zu diesem Preis die Nutzung der Dusche inbegriffen. Tipp: Das Grauwasser kann nur mit einem 10 Liter Eimer entsorgt werden.
Die schöne ruhige Lage eignet sich bestens für Naturliebhaber oder um einfach ein paar Tage zu entspannen. Nur drei Kilometer vom Stellplatz entfernt lässt sich außerdem die Oder, welche die Grenze zu Polen darstellt, erkunden. Auf der Oder sind unter anderem Kanutouren möglich. Darüber hinaus gibt es verschiedene Bademöglichkeiten.

Rund um Letschin gibt es zahlreiche Wege zum Wandern oder Radfahren. In Letschin selbst lohnt sich ein Besuch des jüdischen Friedhofs, des Eisenbahnmuseums sowie des übrig gebliebenen Turms der ehemaligen Dorfkirche. An einer Grillstelle können laue Sommerabende gemütlich ausklingen. Frischwasser, Entsorgung von Grauwasser und Chemie-WC sind im Preis enthalten. Hunde sind erlaubt. Strom: 1,50 Euro/Tag, WC: 2 Euro.

STELLPLÄTZE: 8
PREIS: 6 EUR/NACHT

WOHNMOBILSTELLPLATZ AM WALDPARKPLATZ IN RATZDORF

Lindenallee
15898 Neißemünde
Tel.: +49 3365 2726 0
www.neuzelle.de
tourismus@neuzelle.de
GANZJÄHRIG

GPS: 52.070079 N/14.745722 E

Der Stellplatz in natürlicher Umgebung ist idealer Ausgangspunkt für Radtouren oder Wanderungen rund um Oder und Neiße. Der Platzwart ist sehr hilfsbereit und hat zahlreiche Tipps für Unternehmungen in die Umgebung. Lohnenswert ist beispielsweise., eine Fahrradtour zum Kloster Neuzelle. Der Wohnmobilstellplatz bietet viel Ruhe und ein natürliches Umfeld. Der Stellplatz am Waldparkplatz ist für Wohnmobile mit einer Länge von über 8 Meter sehr gut geeignet. Die Entsorgung von Grauwasser und Kassettentoilette ist auf dem Waldparkplatz ebenfalls möglich. Direkt auf dem Platz gibt es einen Spielplatz für Kinder.

Die Kosten pro Übernachtung liegen bei 10 Euro pro Wohnmobil für bis zu 2 Personen. Weiterhin fallen Kosten für das Frischwasser (1 Euro pro 100 Liter), den Strom (1 Euro pro 2 kWh) und das WC (50 Cent) an. Das WC ist 24/7 geöffnet. Die Kosten für Haustiere sind im Preis ebenfalls enthalten. W-LAN ist nicht verfügbar.

STELLPLÄTZE: 8
PREIS: 10 EUR/NACHT

STELLPLATZ AM LANDHOTEL IN BREYDIN

AN DER GASTSTÄTTE

Am Landhotel 1
16230 Breydin
Tel.: +49 3345 1560
http://www.bargomobile-berlin.de
info@bargomobile-berlin.de
GANZJÄHRIG

GPS: 52.768660 N/13.839490 E

Direkt neben dem Landhotel „Trampe" gelegen ist der Wohnmobilstellplatz „Am Landhotel" am Ortsrand von Breydin. Der Platz ist sowohl für große Wohnmobile als auch für Wohnwagen geeignet. Er ist ruhig gelegen und von viel Grün umgeben. Der Untergrund ist teilweise befestigt. Kehrt man im angrenzenden Restaurant ein, so entfallen die Stromkosten. Am Stellplatz gibt es einen Platzwart, einen Brötchenservice sowie einen Imbiss. Die Anreise ist zwischen 10 und 20 Uhr möglich.

Das Zentrum von Breydin ist zu Fuß erreichbar. Unmittelbar neben dem Stellplatz gibt es Möglichkeiten zum Spazieren gehen, was ideal für Hundehalter ist. Ebenso ist ein Fahrradverleih sowie eine Grillstelle vor Ort, an der man gemütliche Abende verbringen kann. Die unmittelbare Umgebung umfasst zahlreiche Freizeitmöglichkeiten wie ein Freibad, einen Badesee, einen Botanischen Garten sowie die Altstadt inklusive diverser Museen. Die Hauptstadt Berlin ist rund 40 km entfernt und kann im Rahmen eines Tagesausflugs besucht werden. Wasser, WC und Hunde sind im Übernachtungspreis enthalten. Strom: 2 Euro/Tag.

STELLPLÄTZE: 7
PREIS: 10 EUR/NACHT

BRANDENBURG

STELLPLATZ AN DER STADTMAUER IN ANGERMÜNDE

Oberwall
16278 Angermünde
Tel.: +49 3331 2976 60
http://www.angermuende-tourismus.de
info@angermuende-tourismus.de
ANFANG APRIL BIS ENDE OKTOBER

GPS: 53.015211 N/14.0040392 E

Der Stellplatz an der Stadtmauer liegt zentral an der sehenswerten Altstadt von Angermünde. Er ist beleuchtet und hat einen befestigten Untergrund. Bei Bedarf gibt es auf dem Marktplatz, welcher rund 500 Meter entfernt ist, eine öffentliche Toilette. Der Platz liegt direkt neben einem kleinen Park. Verschiedene Einkaufsmöglichkeiten sind teils fußläufig zu erreichen. Aufgrund seiner Lage eignet er sich sowohl für einen Zwischenstopp als auch für einen Kurztrip. Achtung: Am Stellplatz sind keine Entsorgungsmöglichkeiten vorhanden, die Chemietoilette kann aber am Klärwerk von Angermünde entleert werden.

Angermünde bietet eine historische Altstadt mit zahlreichen Sehenswürdigkeiten wie der Heilig-Geist-Kapelle oder der Franziskaner Klosterkirche. Dazu ist der Mündesee mit seiner einladenden Seepromenade zu Fuß oder mit dem Rad gut zu erreichen. Sowohl hier als auch in der Umgebung gibt es dazu verschiedene Wander- und Radwege. Angermünde ist außerdem idealer Ausgangspunkt, um das Biosphärenreservat Schorfheide-Chorin mit dem UNESCO-Weltnaturerbe Grumsin zu erkunden. Hunde sind im Übernachtungspreis enthalten. Strom: 1 Euro/2 kWh, Wasser 1 €/100 l.

STELLPLÄTZE: 8
PREIS: 10 EUR/NACHT

BRANDENBURG

WOHNMOBILSTELLPLATZ WITTSTOCK IN WITTSTOCK/DOSSE

Rheinsberger Straße 22
16909 Wittstock/Dosse
Tel.: +49 3394 4295 50
http://www.wittstock.de
touristinfo@stadt-wittstock.de
GANZJÄHRIG

GPS: 53.1644506 N/12.494301 E

Zentral im Ort gelegen ist der Wohnmobilstellplatz Wittstock in Wittstock/Dosse. Der beleuchtete Platz ist speziell für Wohnmobile angelegt und hat einen wetterbeständigen gepflasterten Untergrund. In den warmen Sommermonaten gibt es einige Stellplätze mit Schatten. Das Zentrum ist bequem zu Fuß erreichbar. Bäcker, Restaurants und Einkaufsmöglichkeiten sind ebenfalls nur wenige Gehminuten entfernt. Die anfallenden Gebühren können am Kassenautomaten mit Münzen, Scheinen oder EC-Karte bezahlt werden. Die maximale Aufenthaltsdauer auf dem Stellplatz beträgt sieben Tage.

Die Altstadt von Wittstock/Dosse begeistert nicht nur mit ihrer 2,5 km langen Stadtmauer, sondern auch mit ihren mittelalterlichen Bauten und den zahlreichen Rosen, welche man in der warmen Jahreszeit bewundern kann. Die unberührte Landschaft in der Umgebung lädt zu abwechslungsreichen Wanderungen ein. Wittstock/Dosse ist ebenfalls ein idealer Ausgangspunkt für Radtouren. Im Bereich Kultur erwarten einen mittelalterliche Städte, Schlösser, Burgen, Museen und Fachwerkhäuser. Bei schlechtem Wetter lässt es sich im Hallenbad entspannen. Entsorgung von Grauwasser und Chemie-WC, WLAN sowie Hunde sind im Übernachtungspreis enthalten. Strom: 1 Euro/8 Stunden, Wasser: 1 Euro/50 Liter.

STELLPLÄTZE: 12
PREIS: 5 EUR/NACHT

NORDRHEIN-WESTFALEN

STELLPLATZ AM HALLENBAD IN HERZEBROCK-CLARHOLZ

AM HALLENBAD

Am Hallenbad 1
33442 Herzebrock-Clarholz
Tel.: +49 5245 4440
http://www.herzebrock-clarholz.de
herzebrock-clarholz@gt-net.de
GANZJÄHRIG

GPS: 51.8875997 N/8.245807 E

Am Ortsrand von Herzebrock befindet sich ein Stellplatz, der im Industriegebiet liegt. Die fünf Stellflächen sind auf einem ausgewiesenen Parkplatz zu finden, die extern abgeschirmt sind. Der Bänischsee ist in wenigen Autominuten erreicht und lädt zum Spazieren und Verweilen ein. Ein Tipp: Der Stellplatz ist direkt am Hallenbad der Stadt gelegen, sodass ein Besuch empfehlenswert ist. Das Stadtzentrum ist fußläufig gut zu erreichen und die öffentlichen Busse halten direkt am Hallenbad.

Bis zu sieben Übernachtungen sind auf dem kostenlosen Platz gestattet. Hunde sind gern gesehen und gebührenfrei. Frischwasser und Strom sind vorhanden: Für zehn Liter fallen jeweils zehn Cent an, für eine Kilowattstunde zahlen Kunden 50 Cent. Die Kosten sind beim Hallenbad an der Rezeption zu bezahlen. Die Sanitärstation ist auch im Winter verfügbar. Schatten ist nur bedingt gegeben, dafür punktet der ebenerdige Standort bei den Campern. Wer gerne griechisches Essen mag, wird das Restaurant um die Ecke lieben! Für einen gemütlichen Spaziergang bietet sich der Waldfriedhof einige Straßen weiter an.

STELLPLÄTZE: 5
PREIS: KOSTENLOS

STELLPLATZ HALDENBLICKIN HÜCKELHOVEN

Jacobastraße 68
41836 Hückelhoven
Tel.: +49 2452 6878 072
https://www.3h-camping-center.de
info@3h-reisemobilstellplatz.de
GANZJÄHRIG

GPS: 51.063280 N/6.203033 E

An der Autobahn befindlich, bietet der saubere und gut strukturierte Stellplatz viele Besonderheiten. Für 14 Stellplätze ausgelegt, ist der Stellplatz gut beleuchtet und bietet auch für Wohnmobile über 8 Meter ausreichend Platz. Auf dem Stellplatz Hückelhoven Haldenblick gibt es einen Gasflaschenservice und Grillen mit Gas ist ebenfalls erlaubt. Das Zentrum von Hückelhoven ist gut mit dem am Stellplatz vorhandenen ÖPNV-Anschluss erreichbar. Ein Besuch der nahe gelegenen Stadt lohnt sich für Einkäufe oder einen Besuch der Bergarbeitersiedlungen. Faszinierende Fahrradwege befinden sich in unmittelbarer Nähe. Der Rur-Radwanderweg oder die West-Bike-Route eignen sich für ausgedehnte Fahrradtouren. Ein Supermarkt sowie ein Imbiss befinden sich direkt auf dem Stellplatz. Das nächste Restaurant und eine Tankstelle sind lediglich wenige Minuten entfernt.

Die Bezahlung erfolgt am Ticketautomaten vor Ort. Dabei ist jedes Ticket 24h gültig. In den Kosten ist Strom bereits inklusive. Daneben sind die Kosten für die Entsorgung des Grauwassers und der Kassettentoilette im Preis enthalten. Die Kosten für das Wasser betragen 1 Euro für 120 Liter. Hunde sind auf dem Stellplatz ohne Mehrkosten ebenfalls gestattet

STELLPLÄTZE: 14
PREIS: 9 EUR/NACHT

NORDRHEIN-WESTFALEN

STELLPLATZ AM YACHTHAFEN IN OBERHAUSEN

Heinz-Schleußer-Straße 1
46047 Oberhausen
Mobil: +49 163 6366 001
http://www.marina-oberhausen.de
info@marina-oberhausen.de
GANZJÄHRIG

GPS: 51.494500 N/6.883290 E

Oberhausen ist eine vielfältige Stadt, die Einiges zu bieten hat: Daher ist der Stellplatz am Yachthafen der Marina äußerst beliebt. Bis zu 18 Wohnmobile und sogar Wohnwagen finden dort auf einem ebenerdigen Untergrund ihren Platz. Direkt neben dem „Sealife" und dem „Centro", dem größten Einkaufszentrum Europas, ist der ruhig gelegene Stellplatz beheimatet. Er befindet sich direkt am Ufer des Rhein-Herne-Kanals, wo Bootsfahrten, Fahrradtouren und Wanderungen möglich sind.

Für Familien bietet die Umgebung reichlich: Der Trampolinpark, der Kaisergarten mit kostenlosem Streichelzoo oder der Gasometer mit seiner wechselnden Dauerausstellung sind nur einige Beispiele. Das Stadion Niederrhein, die Eissporthalle im Stadtteil Vonderort oder das Kunstwerk des Zauberlehrlings sind für Groß und Klein ideal. Die angrenzenden Städte des Ruhrgebiets zeigen den Besuchern die ehemalige Kohleindustrie auf interessante Weise, wenn man zum Beispiel den Duisburger Landschaftspark Nord oder das UNESCO-Weltkulturerbe, die Zeche Zollverein in Essen besucht.

Der Preis für den Stellplatz wird nach Fahrzeuglänge mit 1,25 Euro pro Meter berechnet. Am Tag kommen vier Euro Strom hinzu. Duschen, Grauwasser-Entleerung und Frischwasser sind vorhanden. Ein Tipp: Neben dem Stellplatz ist das Freizeitbad Aquapark zu finden, das im Bergbaustil errichtet ist und eine Dunkel-Wasserrutsche anbietet.

STELLPLÄTZE: 18
PREIS: 10 EUR/NACHT **NEU 06/22:** 18 EUR/NACHT INKL. STROM

NORDRHEIN-WESTFALEN

WOHNMOBILSTELLPLATZ AM MOVIE PARK GERMANY IN BOTTROP

AM FREIZEITPARK

Warner-Allee 1
46244 Bottrop
Tel.: +49 2045 8998 99
http://www.moviepark.de
info@moviepark.de
ANFANG APRIL BIS ENDE OKTOBER

GPS: 51.623430 N/6.971920 E

Der Wohnmobilstellplatz am Movie Park Germany in Bottrop befindet sich am Ortsrand von Kirchhellen auf einem Parkplatz. Der Untergrund der Stellplätze ist eben und befestigt. Der Platz ist darüber hinaus rund um die Uhr bewacht und es ist ein Sicherheitsdienst vor Ort, der bei Fragen oder Problemen gerne weiterhilft. Auf dem Wohnmobilstellplatz sind auch Wohnmobile, die länger als 8 Meter sind, kein Problem. Es gibt auf dem Stellplatz am Movie Park keine Ausstattung wie Wasser oder Strom.

Ob als Tagesausflug in einen der beliebtesten Freizeitparks Deutschlands oder als Kurztrip geplant, der Wohnmobilstellplatz liegt günstig direkt neben dem Movie Park Germany. Nicht weit entfernt befindet sich das Alpincenter, welches mit der längsten Indoor Skipiste der Welt regelmäßig zahlreiche Besucher anlockt. Besucht man die Stadt Bottrop, kann man das Wahrzeichen der Stadt, die Aussichtsplattform „Tetraeder", bewundern. Hunde sind auf dem Wohnmobilstellplatz erlaubt und im Übernachtungspreis enthalten. Spaziermöglichkeiten befinden sich in der unmittelbaren Nähe.

STELLPLÄTZE: 100
PREIS: 7 EUR/NACHT

WOHNMOBILSTELLPLATZ AM STADTTURM IN ISSELBURG

Münsterdeich 6
46429 Isselburg
Tel.: +49 2874 9423 44
http://www.isselburg.de
tina.schumacher@isselburg.de
GANZJÄHRIG

GPS: 51.834474 N/6.464672 E

Zentrumsnah in Isselburg, nahe am Fluss Issel gelegen ist der Wohnmobilstellplatz am Stadtturm. Der Stellplatz ist barrierefrei, hat einen befestigten Untergrund und ist mit Frischwasser und Strom ausgestattet. Sonntags hält in der Nähe des Stadtturms ein Bäckerwagen mit frischen Brötchen. Die maximale Aufenthaltsdauer beträgt zwei Tage. Dank der Nähe zur Autobahn A3 eignet sich der Stellplatz gut für einen Zwischenstopp. Achtung: Bei Frost ist kein Frischwasser verfügbar.

Isselburg liegt im westlichen Münsterland und beeindruckt mit seiner einzigartigen Natur. Der Biotopwildpark Anholter Schweiz lässt sich dabei am besten bei ausgiebigen Wanderungen oder Fahrradtouren erkunden. Sehenswert ist außerdem das Wasserschloss Anholt samt einem Museum und schönen Parkanlagen. Weitere Freizeitmöglichkeiten sind Golfen oder Kanufahren sowie spezielle Stadt- und Themenführungen durch Isselburg. Darüber hinaus ist der Rhein nicht weit entfernt. Einkehr- und Einkaufsmöglichkeiten sind vom Wohnmobilstellplatz am Stadtturm zu Fuß zu erreichen. Entsorgung von Grauwasser und Chemie-WC sowie Hunde sind im Übernachtungspreis enthalten. Strom: 1 Euro/Tag, Wasser: 1 Euro/100 Liter.

STELLPLÄTZE: 6
PREIS: 5 EUR/NACHT

NORDRHEIN-WESTFALEN

WOHNMOBILPARK AN DER WINDMÜHLE IN RHEURDT

St. Nikolausweg 15
47509 Rheurdt
Mobil: +49 177 6310 990
www.wohnmobilpark-lotz.de
info@wohnmobilpark-lotz.de
GANZJÄHRIG

GPS: 51.464550 N/6.468930 E

Der Wohnmobilpark an der Windmühle ist beleuchtet und überwacht. Während des gesamten Jahres geöffnet, bietet der Stellplatz in direkter Umgebung ein eigenes Hallenbad und Sportmöglichkeiten. Direkt vor Ort befinden sich eine Tankstelle, ein Supermarkt, eine Bäckerei, Apotheke sowie Restaurants. Das Restaurant zur Post ist lediglich 5 Minuten fußläufig entfernt und bietet ein gemütliches Ambiente mit dem schönen Biergarten. Selbstverständlich sind die Frischwasserversorgung, Müllentsorgung und ein Gasflaschentausch direkt vor Ort realisierbar. Von allen Besuchern und Bewohnern des Platzes kann der schöne Grillplatz genutzt werden.
Nur wenige Kilometer entfernt befinden sich Spielplatz (1 Kilometer), Badestrand (3 Kilometer) und Freibad (3 Kilometer). Die Umgebung eignet sich bestens für Wander- oder Fahrradtouren.

Die Kosten für den Stellplatz sind direkt bei dem Betreiber zu entrichten. In den Kosten von 10 Euro pro Nacht sind die Gebühren für die Entsorgung des Grauwassers sowie der Kassettentoilette integriert. Zusatzkosten kommen für Wasser (50 Cent pro 50 Liter) und Strom (3 Euro pro Tag) hinzu. Für Durchreisende liegen die Kosten für die Ver- und Entsorgung bei 4 Euro.

STELLPLÄTZE: 21
PREIS: 10 EUR/NACHT

WOHNMOBILSTELLPLATZ BERGSTRASSE IN UEDEM

Bergstraße 99
47589 Uedem
Tel.: +49 4915 2539 8136 3
https://www.uedem.de
manuela.joosten@freenet.de
GANZJÄHRIG

GPS: 51.661800 N/6.286770 E

Herrlich und ruhig am Ortsrand gelegen, bietet der Wohnmobilstellplatz Platz für 26 Wohnmobile bis zu einer Länge von 10 Metern. Der Womopark bietet kostenfreies W-LAN und einen Spielplatz direkt vor Ort. Die kurzen Wege sind für Camper ideal. Lediglich einen Kilometer entfernt befinden sich eine Tankstelle, ein Restaurant und ein leckerer Imbiss. In unmittelbarer Nähe befinden sich ausgewiesene Fahrrad- und Wanderwege. Die wundervolle Natur ermöglicht faszinierende Ausblicke und reichlich Erholung. Fahrradtouren am Niederrhein oder Wanderungen in das nahe gelegene Hochland bieten vielfältigste Möglichkeiten.

Auf leicht hügeligem Gelände bietet der Stellplatz einen herrlichen Ausblick in die Natur. Mit lediglich 9 Euro pro Nacht bietet der Womopark Uedem eine kostengünstige Übernachtungsmöglichkeit. Auf dem teilweise bewachten Stellplatz sind Hunde auf dem Gelände erlaubt. Im Preis enthalten sind bereits die Kosten für Strom, Wasser und Entsorgung der Kassettentoilette. Der beleuchtete Stellplatz ist sehr sauber und ordentlich. Der Stellplatz ist barrierefrei und es gibt keine Begrenzung für die maximale Haltedauer.

STELLPLÄTZE: 26
PREIS: 9 EUR/NACHT **NEU 06/22:** 12 EUR/NACHT

NORDRHEIN-WESTFALEN

STELLPLATZ FAMILIE ROHDE IN MÜNSTER

Volbachweg 4-6
48157 Münster
WoMoRo@freenet.de
GANZJÄHRIG

GPS: 51.9880776 N/7.6460431 E

Für bis zu zwei Camper gleichzeitig ist dieser kostenlose Stellplatz möglich, der eine familiäre Atmosphäre verströmt. Das Stadtzentrum von Münster ist gut zu erreichen, wo die Unterkünfte oftmals teuer sind. Daher ist der gebührenfreie Stellplatz genau richtig für alle, die im Urlaub sparen und auf nichts verzichten möchten.

Die perfekte Naherholung ist durch den angrenzenden Wald gegeben. Dort können die Urlauber schöne Spaziergänge in der freien Natur erleben. Der Stellplatz, der geschottert ist, ist nahezu ebenerdig und das ganze Jahr über geöffnet. Ein Hinweis: Um eine Voranmeldung wird gebeten. Dann steht einem Besuch des Hallenbads, der schönen Altstadt samt Abteikirche und dem Minigolfplatz in Stellplatz-Nähe nichts mehr im Wege.

Für jede Kilowattstunde sind 30 Cent zu bezahlen und 50 Cent für 100 Liter Frischwasser. Hunde sind herzlich willkommen. Eine Anbindung an den Nahverkehr ist gegeben und der nächste Bäcker ist fußläufig gut zu erreichen. Ein Supermarkt ist ganz in der Nähe zu finden, sodass sich die Camper selbst verpflegen können.

STELLPLÄTZE: 2
PREIS: KOSTENLOS

NORDRHEIN-WESTFALEN

WOHNMOBILSTELLPLATZ REISEMOBILE BRÜGGEMANN IN RHEINE

Mesumer Straße 200
48431 Rheine
Tel.: +49 5975 3044 00
www.reisemobile-brueggemann.de
info@reisemobile-brueggemann.de
GANZJÄHRIG

GPS: 52.235039 N/7.475918 E

Der saubere und sehr gepflegte Stellplatz befindet sich auf dem Firmengelände und bietet sämtliche Serviceleistungen kostenfrei an. Neben Strom gibt es Wasser, die Entsorgung von Grauwasser und Kassettentoilette umsonst - Camperherz, was willst du mehr! Direkt auf dem Stellplatz gibt es eine tolle Ausstellung, welche besichtigt werden kann. Ebenfalls hilfreich ist der vorhandene Campershop auf dem Gelände, welcher über alle wünschenswerten Lebensmittel verfügt. Auf dem beleuchteten Stellplatz sind Hunde ohne Kosten erlaubt. Der befestigte Stellplatz liegt am Ortsrand und grenzt unmittelbar an nahe gelegene Fahrradwege. Besonders die 100 Schlösser Route mit dem Fahrrad ist sehr sehenswert. Der Wohnmobilhändler Brüggemann bietet als Experte im Bereich Caravaning und Wohnmobile einen bestens ausgebauten Stellplatz ohne Kosten.

Insofern ein Shopbesuch des Reisemobilherstellers oder ein notwendiger Zwischenstopp in der Werkstatt ansteht, lassen sich die Stellplätze ideal nutzen. In Verbindung mit einem Kurzurlaub in Rheine ist der kostenfreie Stellplatz ebenfalls perfekt.
Das Zentrum von Rheine ist fußläufig erreichbar und bietet mit einem Hallenbad, verschiedenen Museen und vielfältigen Einkaufsmöglichkeiten ein breites Freizeitangebot.
In Mesum direkt in der Nähe befindet sich zudem ein international bekannter Golfplatz sowie ein Hallenbad. Abwechslung bietet eine Kanutour auf der nahe gelegenen Ems.

STELLPLÄTZE: 8
PREIS: KOSTENLOS

STELLPLATZ DER FAMILIE ARENDRÖWER IN LOTTE

Am Nordberg 4
49504 Lotte
Tel.: +49 5456 1380
https://www.lotte.de
heinrich.arendroewer@osnanet.de
MÄRZ BIS NOVEMBER

GPS: 52.263090 N/7.898330 E

Direkt in Autobahnnähe gelegen, eignet sich der Stellplatz ideal zur Durchreise oder auch für einen längeren Aufenthalt unter Naturliebhabern. Der Stellplatz ist weniger als zwei Kilometer von der Autobahn entfernt. Für Hundebesitzer bietet der Stellplatz, da direkt am Wald gelegen, ein ideales, weil natürliches Umfeld. Der barrierefreie Stellplatz ist von März bis Ende November geöffnet. Das Wohnmobil darf für die Nutzung des Platzes maximal acht Tonnen wiegen. In Bezug auf die Länge oder Höhe des Wohnmobils gibt es keine Beschränkungen. Nur zwei Kilometer entfernt befindet sich ein gutes Restaurant, welches zu Fuß bequem erreichbar ist. Die hilfsbereiten Gastgeber können verschiedene Tipps zu lohnenswerten Zielen in der Umgebung geben.

Der Stellplatz befindet sich in der Nähe des Bauernhofs der Gastgeberfamilie. Die Kosten für Strom und Wasser liegen jeweils bei 2 Euro. Der Platz eignet sich hervorragend für Spaziergänge in den Wald. Der besondere und individuelle Platz mitten im Grünen bietet reichlich Ruhe und Erholung.

STELLPLÄTZE: 4
PREIS: 4 EUR/NACHT

NORDRHEIN-WESTFALEN

WOHNMOBILSTELLPLATZ AM LAGO LAPRELLO IN HEINSBERG

AM SEE

Fritz-Bauer-Straße 3
52525 Heinsberg
Tel.: +49 2452 6878 072
http://www.3h-reisemobilstellplatz.de
info@3h-reisemobilstellplatz.de
GANZJÄHRIG

GPS: 51.073325 N/6.093439 E

Campingurlaub am Seeufer im schönen Nordrhein-Westfalen gefällig? Der Wohnmobilstellplatz in Heinsberg bietet genau das an. Der Lago Laprello ist ein Baggersee, der durch das Ausheben von Kies entstanden ist. Seit vielen Jahren wird der Baggersee zum Baden, Verweilen am Seeufer und Spazieren genutzt. Zahlreiche Cafés und Restaurants befinden sich in unmittelbarer Nähe, die einen Blick auf den See gewähren. Zum Stadtzentrum sind es nur wenige Gehminuten. Ein Bus hält vor der Tür, der in die Innenstadt fährt. Schöne Ausflugsziele sind zum Beispiel der Burg- und Kirchberg oder das Torbogenhaus. Die Kirche Sankt Gangolf ist nach dem Heiligen benannt, der für die Stadt Heinsberg sehr wichtig ist.

Etwas abgelegen vom Trubel liegt der Campingplatz, der bis zu 44 Stellplätze für sämtliche Längen und Gewichtsklassen zur Verfügung stellt. Tiere - im Allgemeinen Hunde - sind im Übernachtungspreis von zehn Euro inklusive. Die ebenerdigen Stellflächen sind zum Teil mit Rasengitter und zum Teil mit Schotter ausgelegt. Schatten ist reichlich vor Ort zu finden: Die Bäume rundherum sind einige Jahre alt und wirken sich in den warmen Monaten kühlend auf die Umgebung aus. Die Entsorgung vom Grauwasser und Toilettenkassette ist möglich. Strom kostet 50 Cent je kWh und Frischwasser rund einen Euro für 100 Liter. Ein Tipp: Die Bezahlung erfolgt am Automaten, der sowohl Scheine als auch Münzen annimmt. Dadurch müssen die Urlauber kein passendes Geld parat haben.

STELLPLÄTZE: 44
PREIS: 10 EUR/NACHT

NORDRHEIN-WESTFALEN

STELLPLATZ KLÖCKER IN KALL

Kapellenstraße 25
53925 Kall
Tel.: +49 2441 6880
www.wohnmobilhafen-eifel.de
a.kloecker52@gmx.de
GANZJÄHRIG

GPS: 50.510190 N/6.574730 E

Der Stellplatz befindet sich direkt am Wald gelegen und bietet für 10 Wohnmobile ausreichend Platz. Die Lage ist sehr ruhig! Für Camper ideal befindet sich nur ca. 500 Meter entfernt ein leckeres kleines Bistro. Die vorhandenen Sanitäreinrichtungen sind 24/7 geöffnet und bieten für 2,50 Euro WC und Dusche! Der ganzjährig geöffnete Stellplatz kann bequem im Vorfeld reserviert werden. In Bezug auf die Standdauer gibt es keinerlei Beschränkungen. Mit dem Grillplatz vor Ort bietet sich eine tolle Option für leckere Gerichte. Die Lage am Waldrand ist besonders für Naturliebhaber und Hundebesitzer perfekt: als unvergessliches Campingerlebnis zum kleinen Preis.

Die Bezahlung ist bei dem Betreiber vorzunehmen. Zusätzlich zu den 8 Euro pro Nacht kommen Kosten für Wasser in Höhe von 1 Euro je 100 Liter und 50 Cent pro kWh Strom hinzu.
In der Nähe des Naturparks Eifel gelegen, ist die Umgebung mit Bergen und Flüssen sehr natürlich und vielfältig. Mit dem nur wenige Hundert Meter entfernten Spielplatz bieten sich auch für Kinder tolle Spielmöglichkeiten direkt in der Nähe.

STELLPLÄTZE: 10
PREIS: 8 EUR/NACHT

NORDRHEIN-WESTFALEN

WOHNMOBILHAFEN NETTERSHEIM

Urftstraße 300
53947 Nettersheim
Tel.: +49 2486 1246
https://www.naturzentrum-eifel.de
naturzentrum@nettersheim.de
GANZJÄHRIG

GPS: 50.486000 N/6.626350 E

Der beleuchtete Stellplatz bietet für bis zu 25 Wohnmobile Platz. Auf dem barrierefreien Gelände befindet sich ein Spielplatz. Lediglich 500 Meter entfernt gibt es einen Imbiss sowie einen Brötchenservice, sodass Frühstück und Abendessen bestens abgesichert sind. Alternativ kann auf dem Platz gegrillt werden. Die Eifel befindet sich in direkter Umgebung und eignet sich hervorragend für Tagestouren mit dem Rad oder zu Fuß. Ein Fahrradverleih liegt ebenfalls unmittelbar in der Nähe des Wohnmobilhafens Nettersheim.
Mit dem archäologischen Landschaftspark, dem Löwenzahn-Erlebnispfad sowie dem Naturzentrum Eifel samt seiner Ausstellungslandschaft bietet die nähere Umgebung ein vielseitiges Spektrum an Freizeitmöglichkeiten.

Die Bezahlung des Stellplatzes erfolgt am Parkscheinautomaten. Im Preis enthalten sind die Kosten für Strom, Entsorgung von Grauwasser sowie die Hundehaltung. Für Wasser kommen Kosten in Höhe von 1 Euro/80 Liter dazu.

STELLPLÄTZE: 25
PREIS: 9 EUR/NACHT

NORDRHEIN-WESTFALEN

WOHNMOBILSTELLPLATZ VIA ADRINA IN BAD BERLEBURG

Stedenhofstraße 2
57319 Bad Berleburg
Tel.: +49 2755 9229
www.zentrum-via-adrina.info
info@zentrum-via-adrina.de
GANZJÄHRIG

GPS: 51.013697 N/8.440064 E

Das Zentrum Via Adrina, betreut von einem ehrenamtlichen Verein, liegt im Herzen von Arfeld und war ursprünglich eine Industriebrache einer Schuhleistenfabrik. Heute ist dieser Platz zum Dorfmittelpunkt geworden. Besonderes Highlight direkt am Stellplatz ist das Selbstbedienungscafé im Look eines alten Eisenbahnwaggons, welches täglich von 07:30 bis 22:00 Uhr geöffnet hat. Wer sich hier ausreichend gestärkt hat, kann die Umgebung durch Wander- oder Radtouren erkunden. Für die kleinen Gäste ist auf dem Areal ein Kinderspielplatz vorhanden.

Der Stellplatz selbst ist auf einem Parkplatz und hat daher einen befestigten, asphaltierten Untergrund. Er kann auch von Wohnmobilen über acht Meter Länge genutzt werden. Die Möglichkeiten zur Ver- und Entsorgung sind sehr gut: Frischwasser kann aufgefüllt und Grauwasser entsorgt werden – auch im Winter ist dies möglich. Einen Stromanschluss gibt es ebenfalls, ebenso wie einen WLAN-Hotspot. Einzig die Kassettentoilette kann nicht entleert werden. Die Infrastruktur des Platzes beinhaltet außerdem Duschen und Toiletten. Hunde sind ebenfalls erlaubt. Zur Erreichung der umliegenden Ortschaften liegt eine ÖPNV-Haltestelle direkt am Stellplatz.

STELLPLÄTZE: 3
PREIS: KOSTENLOS

WOHNMOBILSTELLPLATZ AN DER FREIZEITWELT SAUERLAND IN SCHMALLENBERG

AM FREIZEITPARK

Auf dem Loh 12
57392 Schmallenberg
Tel.: +49 2972 9785 55
www.freizeitwelt-sauerland.de/wohnmobilstellplaetze
info@freizeitwelt-sauerland.de
ANFANG APRIL BIS ENDE OKTOBER

GPS: 51.163351 N/8.288767 E

Am Ortsrand von Schmallenberg an einer Sportstätte gelegen, findet man diesen schönen Stellplatz. In der Nähe liegt die Altstadt von Schmallenberg. Kunstinteressierte finden hier eine Kunstschmiede, eine Kunstglaserei und eine Orgelwerkstatt, die Betriebsbesichtigungen anbietet. Auch ein Schieferbergbau- und Heimatmuseum können besucht werden. Die Freizeitwelt, an der der Stellplatz gelegen ist, bietet einen Aquapark mit verschiedenen Schwimmbecken für Groß und Klein. Zudem kann Golf oder Tennis gespielt werden. Auch ein E-Bike Verleih steht zur Verfügung.

Für eine entspannte Anreise gibt es die Möglichkeit einer Stellplatz-Reservierung und einen Gasflaschenservice. Die einzelnen Stellplätze sind in der Sonne gelegen und laden zum Genießen des Ausblicks über Schmallenberg ein. Kosten für Wasser, Strom und sanitäre Anlagen sind inklusive, ebenso wie die vierbeinigen Freunde. An einem Imbiss können kleine Mahlzeiten erworben werden. Auch die Nutzung eines WLANs ist möglich. Die Entsorgung von Grauwasser oder der Chemietoilette sind nicht machbar. Sämtliche Kosten sind beim Betreiber zu entrichten. Dabei wird eine Kurtaxe von 2 € berechnet.

STELLPLÄTZE: 8
PREIS: 10 EUR/NACHT

STELLPLATZ AM ENNEPEBOGEN

Nirgenastraße
58285 Gevelsberg
Tel.: +49 2332 7710
http://www.gevelsberg.de
rathaus@stadtgevelsberg.de
GANZJÄHRIG

GPS: 51.321080 N/07.34245 E

Auf einem Parkplatz in Gevelsberg befinden sich zwei kostenlose Stellplätze für Wohnmobile mit bis zu acht Metern Länge. Die Stellflächen sind extra ausgeschildert und nur für Camper ausgerichtet. Der Betreiber des Stellplatzes ist die Stadt selbst, die damit Touristen die Möglichkeit bieten möchte, die schöne Stadt in Nordrhein-Westfalen zu besichtigen.

Nicht weit entfernt befindet sich der Schlosspark Gevelsberg. Eine andere Sehenswürdigkeit ist die Brauerei, die über die städtischen Grenzen hinaus bekannt ist. Ein weiteres historisches Monument ist das Brandt-Zwieback-Haus. Wer mag, besucht das Stadtzentrum zu Fuß oder nimmt die öffentlichen Beförderungsmittel.

Die Entsorgung für das Chemie-WC ist im Übernachtungspreis enthalten. Für eine Kilowattstunde fallen 50 Cent Gebühr und für 50 Liter Frischwasser 40 Cent an. Achtung: Am besten ist es, 50-Centstücke bereitzuhalten, da der Parkscheinautomat nur diese Münzen annimmt! Hunde sind erlaubt und der Platz ist das ganze Jahr über nutzbar. Die geteerten Stellflächen sind relativ ebenerdig, sodass ein sorgloses Schlafen möglich ist. Ein Hinweis: Wer mit Jugendlichen anreist, der findet vor Ort einen Jugendtreff um die Ecke. Für einen echten Strandurlaub bietet sich der Ennepe-Strand in der Nähe an.

STELLPLÄTZE: 2
PREIS: KOSTENLOS

NORDRHEIN-WESTFALEN

WOHNMOBILSTELLPLATZ AM RESTAURANT GERLING IN ERWITTE

AN DER GASTSTÄTTE

Schäferkamper Weg 32
59597 Erwitte
Mobil: +49 171 2600 577
http://www.cafe-gerling.de
mail@cafe-gerling.de
GANZJÄHRIG

GPS: 51.625300 N/8.358630 E

Der Wohnmobilstellplatz befindet sich am Restaurant „Gerling" in Erwitte: Der am Ortsrand von Westernkotten gelegene Stellplatz ist ideal für alle, die Ruhe und Abgeschiedenheit suchen. Der Untergrund ist geschottert und relativ ebenerdig.

Der Stellplatz ist das ganze Jahr über kostenlos nutzbar: Das gilt auch Strom und Frischwasser. Eine Entsorgung des Grauwassers ist möglich und ebenfalls kostenlos. Hunde sind gestattet und gebührenfrei. Der Gasthof freut sich über zahlreiche Besuche im Restaurant, das mit seinen lokalen Speisen und Getränken die Gäste verwöhnt. Eine Einkehr ist also erwünscht. Die friedvolle Umgebung lockt manchmal sogar Rehe an, die sich in der Abenddämmerung streicheln lassen. Schatten ist eher mäßig vorhanden. Ein Golf- und ein Tennisplatz sind in wenigen Kilometern zu erreichen. Für größere Einkäufe bietet sich Erwitte oder Lippstadt in der Nähe an.

Ein Tipp: Da keine Dusche vorhanden ist, ist der Besuch des städtischen Hallenbads ganz in der Nähe perfekt. Es gibt ein Thermalbad, das mit warmem Wasser für erholsame Stunden zu zweit sorgt.

STELLPLÄTZE: 4
PREIS: KOSTENLOS

NORDRHEIN-WESTFALEN

WOHNMOBILSTELLPLATZ AN DEN SOLE-THERMEN IN ERWITTE

AM THERMALBAD

Mühlenweg 1
59597 Erwitte
Tel.: +49 2943 9765 810
http://wohnmobilplatz-bad-westernkotten.de
info@wohnmobilplatz-bad-westernkotten.de
GANZJÄHRIG

GPS: 51.631100 N/8.351430 E

Am Ortsrand von Bad Westernkotten direkt an der Hellweg-Sole-Therme liegt dieser Stellplatz in Erwitte. Der Platz ist videoüberwacht, beleuchtet und bietet einen Gasflaschenservice. Er ist barrierefrei. Darüber hinaus gibt es drei ausgewiesene Behindertenstellplätze, welche asphaltiert sind. Die Stellplätze dazu sind großzügig angelegt, sodass auch größere Wohnmobile einen Platz finden. Die Ver- und Entsorgung ist selbst im Winter verfügbar. Die Anreise ist von 7 Uhr bis 22 Uhr möglich.

Zwischen dem Sauerland und dem Münsterland gelegen, ist Bad Westernkotten ein idealer Ausgangspunkt zum Wandern und Radfahren. Der Kurpark mit seinen zwei Gradierwerken lädt außerdem zu ausgiebigen Spaziergängen ein. Nach Aktivitäten an der frischen Luft oder bei schlechtem Wetter lässt es sich in der Hellweg-Sole-Therme mit über 700 qm Wasserfläche und einer großzügigen Saunalandschaft bestens erholen. Das Zentrum von Bad Westernkotten ist zu Fuß erreichbar. Verschiedene Einkaufs- und Einkehrmöglichkeiten in der Nähe runden das Angebot des Wohnmobilstellplatzes ab. Entsorgung von Grauwasser und Chemie-WC, WLAN sowie Hunde sind im Übernachtungspreis enthalten. Strom: 50 Cent/kWh, Wasser: 10 Cent/10 Liter, Kurtaxe: 2 Euro pro Person am Tag.

STELLPLÄTZE: 46
PREIS: 8 EUR/NACHT

HESSEN

WOHNMOBILSTELLPLATZ AM GRAUEN TURM IN FRITZLAR

Grauer Turm
34560 Fritzlar
Tel.: +49 5622 9886 43
www.fritzlar.de
touristinfo@fritzlar.de
GANZJÄHRIG

GPS: 51.131640 N/9.268760 E

Die Stadt Fritzlar verfügt mit dem Grauen Turm über den ältesten erhaltenen Wehrturm Deutschlands. Dieser bietet bei klarer Sicht einen wunderbaren Blick über die Stadt und die umliegende Landschaft. In seinem Schatten befindet sich auch der Wohnmobilstellplatz. Gelegen an der Altstadt kann man Fritzlar zu Fuß erkunden und beispielsweise den St. Petri Dom oder das Museum des Ortes besuchen. Für Kinder bietet Fritzlar ein beheiztes Freibad, welches neben Sprunganlage und Sportbecken auch über Beach-Volleyball-Felder verfügt.

Der Stellplatz liegt auf einem Parkplatz und hat daher einen befestigten Untergrund, sodass er auch gut von Wohnmobilen über acht Metern Länge angefahren werden kann. Teilweise kann es vorkommen, dass nicht alle zehn Stellplätze zur Verfügung stehen, da auch Autos auf diesem Parkplatz parken dürfen und die vorgegebenen Plätze nicht immer freihalten. Die Entsorgung vom Grauwasser ist möglich und Toiletten sind vorhanden. Ebenso kann die eigene Chemietoilette entsorgt werden. Frischwasser kann für 1 € pro 90 Liter aufgefüllt werden. Auch Strom ist für 1 € pro kWh verfügbar.

STELLPLÄTZE: 10
PREIS: 7 EUR/NACHT

WOHNMOBILSTELLPLATZ BECHTEL LANDGASTHOF-HOTEL IN WILLINGSHAUSEN

AN DER GASTSTÄTTE

Vor der Brücke 4
34628 Willingshausen
Tel.: +49 6691 9465 0
Mobil: +49 172 3745 290
www.hotel-bechtel.de
info@hotel-bechtel.de
GANZJÄHRIG

GPS: 50.8763698 N/9.2572104 E

Der Platz liegt direkt an einem Hotel am Dorfrand von Zella. Dieser, zur Gemeinde Willingshausen gehörige Ort, ist bequem zu Fuß zu erreichen. Um zum größeren Ort Willingshausen zu gelangen, kann der nahe gelegene ÖPNV genutzt werden. Die Gemeinde gehört zu den ältesten Künstlerkolonien Europas, weswegen über das ganze Jahr hindurch Kunstausstellungen angeboten werden. Soll lieber auf dem Stellplatz verweilt werden, kann man das gute Essen und den Biergarten des Landgasthofes schätzen lernen. Für Aktivurlauber gibt es die Möglichkeit, in der Nähe zu reiten und zu angeln. Ausgewiesene Wander- sowie Radwege sind ebenfalls in der Region zu finden.

Der überwiegend ebene Platz mit einem Untergrund aus Schotterrasen erlaubt Tiere und ist beleuchtet sowie Video überwacht. WLAN und Strom sind in den Kosten, die nebenan im Gasthaus zu entrichten sind, bereits enthalten. Ebenso können Dusche und Toiletten aus dem Hotel von den Stellplatzgästen genutzt werden. Die Entsorgung von Grauwasser ist leider nicht möglich, aber die Auffüllung des Frischwassers.

STELLPLÄTZE: 8
PREIS: 10 EUR/NACHT

HESSEN

WOHNMOBILSTELLPLATZ HESSISCHES KEGELSPIEL IN HÜNFELD

Landerneau-Allee
36088 Hünfeld
Tel.: +49 6652 1801 31
http://www.huenfeld.de
thomas.henkel@huenfeld.de
GANZJÄHRIG

GPS: 50.676500 N/9.776950 E

Der Wohnmobilstellplatz hessisches Kegelspiel liegt ruhig am Ortsrand von Hünfeld und ist ein idealer Ausgangspunkt für Ausflüge in das Umland und in das Biosphärenreservat Rhön. Der Stellplatz ist beleuchtet und geschottert sowie auch für Wohnmobile mit einer Länge über 8 Metern geeignet. Das Zentrum von Hünfeld ist in rund 500 Metern bequem zu Fuß zu erreichen. Die maximale Aufenthaltsdauer beträgt drei Nächte.

Direkt neben dem Platz liegen der Kurpark und das Freibad. Hünfeld selbst liegt mitten im hessischen Kegelspiel und ist von einer waldreichen Hügellandschaft umgeben, welche zu Wanderungen und Radtouren einlädt. Abwechslungsreiche Ausflugsziele sind unter anderem die Wasserkuppe, die Milseburg, die Klosterbrauerei auf dem Kreuzberg sowie die Museumsdörfer Fladungen und Tann. Wer sich für Kultur interessiert, der wird in den Fachwerkstädten Schlitz und Alsfeld sowie in der Festspielstadt Bad Hersfeld und der Barockstadt Fulda fündig. Entsorgung von Grauwasser und Chemie-WC sowie Hunde sind im Übernachtungspreis enthalten. Strom: 1 Euro/kWh, Wasser: 1 Euro/120 Liter.

STELLPLÄTZE: 18
PREIS: 5 EUR/NACHT

WOHNMOBILSTELLPLATZ KUCKUCKSMARKT IN ROTENBURG A. D. FULDA

Rotenburger Straße 13
36199 Rotenburg a. d. Fulda
Tel.: +49 6623 5555
http://www.rotenburg.de
tourist-info@rotenburg.de
GANZJÄHRIG

GPS: 51.003400 N/9.692670 E

Im Ort Braach auf einem Parkplatz liegt der Wohnmobilstellplatz Kuckucksmarkt mit Platz für drei Wohnmobile. Der Untergrund besteht hauptsächlich aus Wiese. Die Ver- und Entsorgung ist etwa 100 Meter in Richtung Dorfmitte entfernt. Gas bekommt man an der Tankstelle im Ort. Die nächsten Einkaufsmöglichkeiten befinden sich rund zwei Kilometer entfernt in Rotenburg a. d. Fulda. Die maximale Aufenthaltsdauer auf dem Stellplatz am Kuckucksmarkt beträgt drei Tage.

Direkt in der Nähe befindet sich das Kuckucksmarktgelände, hier findet von Mai bis Oktober regelmäßig ein Kunsthandwerker- und Bauernmarkt statt. Rund um Rotenburg a. d. Fulda bieten sich außerdem zahlreiche Freizeitmöglichkeiten. In Rotenburg selbst kann man an einer historischen Stadtführung teilnehmen und dabei die Altstadt oder die Jakobikirche erkunden. Wer gerne aktiv ist, nutzt hingegen die Fahrrad- und Wanderwege. Eine beliebte Wanderung ist beispielsweise zum „Alheimer", hier gibt es einen Aussichtsturm mit Weitblick. Um den Tag gemütlich ausklingen zu lassen, lohnt sich eine Einkehr in dem nur etwa 500 Meter vom Wohnmobilstellplatz entfernten Biergarten. Hunde sind im Übernachtungspreis enthalten. Strom: 1 Euro/kWh, Wasser: 1 Euro/120 Liter.

STELLPLÄTZE: 3
PREIS: KOSTENLOS

STELLPLATZ HORLOFFTALHALLE ECHZELL

Am Preulen 1
61209 Echzell
Tel.: +49 6008 9120 0
http://www.echzell.de
gemeinde@echzell.de
GANZJÄHRIG

GPS: 50.389551 N/8.8954761 E

Am Ortsrand von Echzell befindet sich der Stellplatz Horlofftalhalle in ruhiger Lage. Direkt neben der A45 gelegen, eignet sich der Wohnmobilplatz bestens für einen Zwischenstopp. Alle Stellplätze sind auf befestigtem Grund mit Rasengitter angeordnet. Strom und Wasser sind gegen Gebühr ebenfalls vorhanden. Das Zentrum von Echzell ist zu Fuß gut erreichbar, ebenso sind in der unmittelbaren Nähe Einkaufsmöglichkeiten sowie Restaurants.

Echzell liegt idyllisch zwischen dem Taunus und dem Vogelsberg und kann daher auch für einen entspannten Kurztrip genutzt werden. Der Ort ist ein idealer Ausgangspunkt, um die Wetterauer Seenplatte oder das Bingenheimer Ried zu Fuß oder mit dem Rad zu erkunden. Dort befindet sich ebenfalls ein landschaftlich schönes Naturschutzgebiet mit Vogelbeobachtungspunkten. Ebenso führt hier der Deutsche Limes Radweg vorbei. Direkt neben dem Stellplatz ist ein Skate-Park, indem sich Kinder und Jugendliche austoben können. Wer kulturinteressiert ist, findet im Museum Echzell Ausgrabungen und das Limes-Informationszentrum. Entsorgung von Grauwasser und Chemie-WC sowie Hunde sind im Übernachtungspreis enthalten. Strom: 50 Cent/kWh, Wasser: 50 Cent/40 Liter.

STELLPLÄTZE: 3
PREIS: KOSTENLOS

HESSEN

WOHNMOBILSTELLPLATZ NIEDERRODENBACH IN RODENBACH

Am neuen Sportplatz 2
63517 Rodenbach
Tel.: +49 6184 5990
http://www.rodenbach.de
gemeinde@rodenbach.de
GANZJÄHRIG

GPS: 50.133124 N/9.021123 E

Direkt an der A66 und der A45 gelegen, befinden sich am Ortsrand von Rodenbach nahe dem Betriebshof drei Stellplätze für Wohnmobile. Sie sind beleuchtet, geschottert und für Wohnmobile bis zu einer Länge von 9 Metern geeignet. An der Bulauhalle nebenan gibt es eine moderne Ver- und Entsorgung inklusive Bodeneinlass. Der verfügbare Frischwasserautomat ist winterfest. Die maximale Aufenthaltsdauer beträgt fünf Nächte.

Direkt neben dem Wohnmobilstellplatz befinden sich diverse Wald sowie verschiedene Wander- und Radwege. Wer mit Hund reist, findet daneben auch eine Hundewiese. Einkaufsmöglichkeiten für den täglichen Bedarf gibt es in Rodenbach. In der Nähe gibt es ebenfalls verschiedene Gaststätten, in denen man sowohl bei der Durchreise als auch während eines Kurztrips einkehren kann. Wer sich hier länger aufhält, kann außerdem die Barbarossaquelle und die Klosterruine besichtigen. Das Freizeitangebot runden der Freizeitpark Rodenbach sowie der Freizeitpark Kinzigsee ab. Abwasser kann kostenlos entsorgt werden. Hunde sind im Übernachtungspreis enthalten. Strom: 1 Euro/2 kWh, Wasser: 1 Euro/100 Liter.

STELLPLÄTZE: 3
PREIS: KOSTENLOS

THÜRINGEN

WOHNMOBILSTELLPLATZ AN DER ARDESIA-THERME IN BAD LOBENSTEIN

AM THERMALBAD

Parkstraße 8
07356 Bad Lobenstein
Tel.: +49 3665 1393 9200
http://www.ardesia-therme.de
info@ardesia-therme.de
GANZJÄHRIG

GPS: 50.449300 N/11.641800 E

Der Stellplatz in Bad Lobenstein liegt mitten in einem Kurort, der viel zu bieten hat. Erholung ist angesagt und so nutzen die Camper die direkt gegenüber befindliche Ardesia-Therme zur Entspannung. Wellness-Anwendungen, Moorpackungen, Innen- und Außenbecken sowie Saunen sorgen für Relaxing. Das Zentrum von Bad Lobenstein ist gut zu Fuß zu erreichen. Ein Besuch des Neuen Schlosses und der Alten Wache sind zu empfehlen. Für weitere Erholung sorgen die gut ausgebauten Rad- und Wanderwege in der Nähe.

Ein Tipp: Eine frühe Platz-Reservierung ist ratsam, um einen der beliebten Stellplätze zu sichern. Das gilt vor allem in der Hauptsaison, denn der günstige Übernachtungspreis von gerade einmal fünf Euro für zwei Personen inklusive Hund ist unschlagbar. Hinzu kommen zwei Euro Kurtaxe pro Person, die zusammen mit den Kosten für Strom in der Adresia-Therme zu entrichten sind. Für Strom zahlen Camper 50 Cent je kWh. Die Dusche kostet pro Duschvorgang 3 Euro. Der Rest wie etwa die Entsorgung von Grauwasser oder die Entleerung des Chemie-WCs sind kostenfrei. Der Platz ist nachts gut beleuchtet.

STELLPLÄTZE: 10
PREIS: 5 EUR/NACHT

THÜRINGEN

STELLPLATZ AM FREIZEITSERVICE HEINTZ IN NIMRITZ

Ortsstraße 29e
07381 Nimritz
Tel.: +49 3647 4287 42
matthias-heintz@t-online.de
GANZJÄHRIG

GPS: 50.700700 N/11.648500 E

Dieser Stellplatz für 10 Wohnmobile - auch mit über 8 Metern Länge - befindet sich am Ortsrand und direkt bei einem Händler. Er ist befestigt; der Untergrund besteht aus einem Rasengitter. Hunde sind erlaubt und der von Wiesen und Feldern umgebene Platz sorgt für Ruhe, Entspannung und Erholung. Diese Umgebung ist ideal für ausgedehnte Runden mit Hunden und die schöne Aussicht lädt zum Relaxen ein. Vom Betreiber gibt es einen Brötchenservice: Er holt die am Vortag bestellten Brötchen frühmorgens beim Bäcker ab und bringt sie den Besuchern vorbei. Wer sich während des Aufenthalts sportlich betätigen möchte, findet im Ort eine Bowlingbahn und einen Fußballplatz. Über das Jahr verteilt organisieren die Vereine diverse Veranstaltungen wie das Dorffest, die Kirmes sowie ein Oster- und Maifeuer.

Sanitäreinrichtungen gibt es keine, die Entsorgung von Grauwasser und Chemie-WC sind jedoch wie der Stellplatz selbst kostenlos. Über eine Spende freut sich der Betreiber. 50 Liter Frischwasser sowie die kWh Strom kosten je 0,50 Euro.

STELLPLÄTZE: 10
PREIS: KOSTENLOS

THÜRINGEN

STELLPLATZ EISENBERG

Geraer Straße 88
07607 Eisenberg
Tel.: +49 3669 1734 54
https://www.stadt-eisenberg.de
info@stadt-eisenberg.de
GANZJÄHRIG

GPS: 50.966295 N/11.912089 E

Der Wohnmobilstellplatz in Eisenberg befindet sich am Ortsrand im Grünen und ist ein Durchgangsstellplatz. Die maximale Übernachtungsdauer beträgt zwei Nächte. Der Platz ist beleuchtet, gepflastert und asphaltiert und direkt gegenüber dem Tiergarten gelegen. Eine Bushaltestelle sowie die Innenstadt sind nur wenige Gehminuten entfernt. Das Hallen- und Freizeitbad sorgt ganzjährig für Badespaß. In Eisenberg gibt es historisch und kulturell einiges zu erkunden: die Schlosskirche, das Mühltal inklusive Miniaturpark, Schloss- und Kräutergarten, das Eisenberger ART DECO (kleinstes Porzellanmuseum Deutschlands) und vieles mehr. Regelmäßige Veranstaltungen sind etwa der Themenmarkt Frühlingserwachen, Landmarkt und Heimatshoppen zum Erntedankfest und der Eisenberger Nachtweihnachtsmarkt.

Der angrenzende Wald eignet sich hervorragend für Spaziergänge mit und ohne Hunde. Letztere sind am Platz erlaubt und im Preis inbegriffen. Dies gilt auch für die Entsorgung von Grauwasser und Kassettentoilette. 120 l Frischwasser kosten 1,50 Euro, genau wie 1 kWh Strom. Sanitäranlagen sind nicht vorhanden, Ver- und Entsorgung allerdings auch im Winter verfügbar.

STELLPLÄTZE: 7
PREIS: 5 EUR/NACHT

THÜRINGEN

WOHNMOBILSTELLPLATZ AM FREIBAD IN STADTLENGSFELD

AM FREIBAD

Eisenacher Straße
36457 Stadtlengsfeld
Tel.: +49 3696 5672 0
www.stadt-stadtlengsfeld.de
stadtverwaltung@stadt-stadtlengsfeld.de
GANZJÄHRIG

GPS: 50.789993 N/10.116188 E

Direkt am Schwimmbad in Stadtlengsfeld gelegen, befindet sich der kostenfreie Parkplatz in teilweise schattiger Umgebung. Der beleuchtete Stellplatz bietet alles Wesentliche für einen Camper-Urlaub. Die Entsorgung von Grauwasser ist ebenso möglich wie die Entsorgung der Toilette. Frischwasser gibt es auf dem Platz in der Nähe des Freibades ebenfalls.

Der geschotterte Untergrund bietet einen sicheren Halt. Perfekt ist die direkte Nähe zum Freibad, welches im Bademantel zu Fuß erreichbar ist. Der Stellplatz bietet Natur pur und eine wunderbare Erholungsmöglichkeit dank der Ruhe. Die Natur kann in der direkten Umgebung auch dank sehr gut ausgeschilderter Wanderwege genossen werden.
Bis in das Stadtzentrum von Stadtlengsfeld sind es lediglich 1,5 Kilometer. Im Ort gibt es schöne Gaststätten und Einkaufsmöglichkeiten.

Auf dem kostenfreien Stellplatz fallen lediglich Abgaben für den Strom an. Pro Kilowattstunde sind 50 Cent zu entrichten. Hunde sind ebenfalls erlaubt und kostenfrei.

STELLPLÄTZE: 6
PREIS: KOSTENLOS

THÜRINGEN

WOHNMOBILSTELLPLATZ AM DÖRRBERG IN GRÄFENRODA

Waldstraße 132D
99330 Gräfenroda
Mobil: +49 177 1427 708
as.funsports@gmail.com
GANZJÄHRIG

GPS: 50.733753 N/10.793568 E

Die Infrastruktur des Platzes im Thüringer Wald lässt keine Wünsche offen. Gelegen am Waldrand in Bachnähe, in den Bergen und dennoch gut über die Autobahn zu erreichen. Am Stellplatz gibt es einen Pool für die Nutzung bei gutem Wetter und eine Grillstelle. Um in die Orte Gräfenroda oder Geschwenda zu kommen, gibt es außerdem einen ÖPNV-Anschluss. In Gräfenroda gibt es alle erforderlichen Einkaufsmöglichkeiten. Die Gemeinde Geratal, zu der die Ortschaften zählen, hat ein großes Netz an ausgewiesenen Wander- und Radwegen, sodass auch bei aktiven Urlaubern keine Wünsche offenbleiben.

Die Gebühren für die Nutzung des Platzes sind beim freundlichen Platzwart zu entrichten. Das WLAN ist inklusive, ebenso wie die Versorgung mit Frischwasser. Strom kann für 2 € pro Tag gebucht werden. Eine Entsorgung des Grauwassers und der Chemietoilette ist nicht möglich. Sanitäre Anlagen gibt es auf diesem privaten Platz nicht und Hunde sind nicht erlaubt.

STELLPLÄTZE: 3
PREIS: 10 EUR/NACHT

THÜRINGEN

WOHNMOBILSTELLPLATZ RASTENBERG

Am Haselberg 45 a
99636 Rastenberg
Tel.: +49 3637 7839 911
Mobil: +49 179 4557 996
https://rastenberg.de
hans-krug@gmx.net
GANZJÄHRIG

GPS: 51.187810 N/11.423170 E

Der bewachte und beleuchtete Stellplatz ist bestens ausgestattet. Neben Wäschetrocknern und Waschmaschinen bietet der Stellplatz Duschen, Toiletten und kostenfreies W-LAN. Der erst 2019 errichtete Stellplatz ist in Bezug auf Preis/Leistung sehr günstig! Direkt vor Ort gibt es einen Brötchenservice und einen guten Imbiss. Alle Ver- und Entsorgungsanschlüsse sind direkt am Stellplatz verfügbar, ebenso wie die Möglichkeit zum Tausch von Gasflaschen. Vielfältige Freizeitmöglichkeiten bieten der direkt vor Ort befindliche Grillplatz, das nur 200 Meter entfernte Waldschwimmbad sowie die hervorragenden Wander- und Radmöglichkeiten. Die nur 200 Meter entfernte Bushaltestelle verbindet den Stellplatz direkt mit der historischen Stadt Weimar.

Die Kosten pro Übernachtung liegen bei 10 Euro pro Wohnmobil mit bis zu 2 Personen. Für jede weitere Person liegen die Extrakosten pro Nacht bei 2 Euro. Für den Strom gibt es eine Pauschale von 2 Euro pro Nacht. Bei einer vorhandenen Klimaanlage werden die Stromkosten direkt vor Ort abgestimmt. Die Nutzung von Waschmaschine bzw. Trockner ist für je 2,50 Euro möglich. Die Stellplatzgebühr für einen Wohnwagen liegen bei 15 Euro pro Nacht für bis zu 2 Personen. Die Zusatzkosten sind analog zu einem Wohnmobil.

STELLPLÄTZE: 40
PREIS: 10 EUR/NACHT

THÜRINGEN

STELLPLATZ AM HOTEL ALTE FLIEGERSCHULE IN EISENACH

AN DER GASTSTÄTTE

Am Weinberg 1
99817 Eisenach
Tel.: +49 3691 8680
https://www.landhotel-eisenach.de
info@landhotel-eisenach.de
GANZJÄHRIG

GPS: 50.987160 N/10.370890 E

Umgeben von einer malerischen Landschaft mit Gaststätte, Kinderspielplatz, Liegewiese, Rad- und Wanderwegenetz für Naturliebhaber und Bushaltestelle direkt am Stellplatz - was wünschen sich Wohnmobilisten mehr? Der geschotterte, überwiegend ebene und beleuchtete Stellplatz befindet sich außerorts auf dem Parkplatz des Hotels „Alte Fliegerschule". In der Nähe sorgen ein Freibad, Parks, Museen und Theater und ein Golfplatz für sportliche und kulturelle Abwechslung. Die Wartburg in Eisenach ist ein Muss bei einem Stopp am Hotel „Alte Fliegerschule". Weitere Sehenswürdigkeiten sind etwa das Lutherhaus, das Bachhaus und die Georgienkirche. Die Städte Erfurt und Weimar sind je etwa eine Dreiviertelstunde mit dem Auto entfernt und lohnenswerte Tagesausflüge.

Die Nutzung von WC, Dusche, WLAN, Waschmaschine und Wäschetrockner sowie Frischwasser sind im Preis inbegriffen. Die Entsorgung von Grauwasser und Kassettentoilette ist an diesem Platz nicht möglich. Strom kostet 3 Euro pro 24 Stunden. Ein reichhaltiges Frühstücksbuffet erhalten Gäste im Hotelrestaurant. Eine Vorab-Reservierung per E-Mail oder Telefon wird empfohlen. Die Stellplatzgebühr sowie die Kurtaxe sind im Gasthaus zu entrichten.

STELLPLÄTZE: 4
PREIS: 10 EUR/NACHT

THÜRINGEN

PARKPLATZ ENGELSGARTEN IN MÜHLHAUSEN

Görmarstraße 38
99974 Mühlhausen/Thüringen
Tel.: +49 3601 4521 15
https://www.tourismus.muehlhausen.de
service@touristinfo-muehlhausen.de
GANZJÄHRIG

GPS: 51.210680 N/10.463760 E

Der teilweise schattige Stellplatz für Wohnmobile bis zu einer Länge von 9 Metern ist barrierefrei und ganzjährig geöffnet. Die Lage inmitten der historischen Innenstadt ist vorzüglich. Direkt an der historischen Stadtmauer gelegen sind es lediglich 5 Minuten bis in die Innenstadt, wo es verschiedene Einkaufsmöglichkeiten, Restaurants und Cafés gibt. Der Stellplatz bietet alles, was das Camperherz begehrt. Besonders hervorzuheben ist die perfekte Lage. Von dem gepflegten und sauberen Stellplatz aus sind der Park und die vielen Einkehrmöglichkeiten dank kurzer Wege schnelle erreichbar. Ein Besuch von Mühlhausen lohnt sich dank der sehenswerten historischen Altstadt, den Museen und dem Heilbad. Viele weitere Aktivitäten wie Wanderungen oder Radtouren sind in und um Mühlhausen möglich.

Der Wohnmobilstellplatz ist pro Fahrzeug für 5 Euro pro Nacht sehr günstig. In dem Preis sind bereits die Kosten für Strom sowie die Entsorgung von Grauwasser und der Kassettentoilette enthalten. Die Kosten für Frischwasser liegen bei einem Euro für 5 Minuten. Die Bezahlung erfolgt an dem vor Ort verfügbaren Parkscheinautomaten. Hunde sind auf dem Stellplatz erlaubt und ohne Mehrkosten in der Übernachtungspauschale enthalten.

STELLPLÄTZE: 9
PREIS: 5 EUR/NACHT

SACHSEN

WOHNMOBILSTELLPLATZ KNOPF IN DRESDEN

STÄDTE-TRIP

Meißner Landstraße 157
01157 Dresden
Tel.: +49 3514 5209 65
info@pension-knopf.de
ANFANG MÄRZ BIS ENDE OKTOBER

GPS: 51.0812 N/13.65563 E

Als ehemaliger Teil einer Gärtnerei ist der Stellplatz äußerst gepflegt und hat als Untergrund aktuell Rasengitter. Der große Vorteil des familiengeführten Platzes liegt in der direkten Nähe zur Großstadt Dresden und damit zu zahlreichen Sehenswürdigkeiten. Der Zwinger, die Semperoper und die Frauenkirche sind nur einige der vielen Ausflugsziele. Über ausgewiesene Fahrradwege ist es möglich, die Stadt unkompliziert mit dem Rad zu erreichen. In die andere Richtung erreicht man über den Elberadweg die Stadt Meißen und kann sich hier über die Geschichte des berühmten Meißener Porzellans informieren.

Die Versorgung mit Wasser und Strom sind bereits im Preis inklusive. Eine Entsorgung des Grauwassers ist nicht möglich und Hunde sind auf diesem Platz nicht erwünscht. Eine Duschmöglichkeit ist aber vorhanden und kann für 2 € pro Vorgang genutzt werden. Die Kosten sind direkt an die Familie Knopf zu entrichten. Diese gibt gerne hilfreiche Tipps zur Erkundung der Gegend in und um Dresden.

STELLPLÄTZE: 7
PREIS: 6 EUR/NACHT

WOHNMOBILSTELLPLATZ DER PENSION ANNETTE IN DIPPOLDISWALDE

AN DER GASTSTÄTTE

Dippoldiswalder Straße 75
01744 Dippoldiswalde
Tel.: +49 3504 6184 83
www.pension-annette.de
info@pension-annette.de
GANZJÄHRIG

GPS: 50.9157708 N/13.6649133 E

Der Stellplatz, gelegen neben der Pension „Anette" am Ortsrand von Malter, kann ganzjährig genutzt werden und ist der perfekte Ausgangspunkt für Ausflüge in die Dippoldiswalder Heide oder die Malter Talsperre. Weitere Ausflugsziele sind die St. Marien-und-Laurentius-Kirche, die Weißeritztalbahn oder der Johann-König Turm. Als staatlich anerkannter Erholungsort bietet Malter außerdem ein Strandbad mit zahlreichen Wassersportaktivitäten. Aber auch am Stellplatz sind ein Pool und eine Grillstelle vorhanden. Langschläfer profitieren vom Brötchenservice des Platzes. Wer möchte, kann aber auch gerne ein Frühstück in der Pension nebenan einnehmen.

Der überschaubare Stellplatz erlaubt außerdem Hunde, die keine extra Kosten verursachen und hat als Untergrund praktische Rasengittersteine. Für Kinder ist ein Spielplatz zur Nutzung vorhanden. Die sanitären Anlagen des Platzes umfassen WC und Duschen und die Kosten liegen bei 1,50 €. In den 10 € Stellplatzgebühren, welche bei der Pension zu entrichten sind. Die Versorgung mit Wasser und Strom ist inklusive, ebenso wie die Entsorgung von Grauwasser und der Chemietoilette.

STELLPLÄTZE: 6
PREIS: 7,50 EUR/NACHT

WOHNMOBILSTELLPLATZ PARKPLATZ P 7 IN PIRNA

AM FLUSS

Hauptplatz 14
01796 Pirna
Tel.: +49 3501 5564 46
www.pirna.de
touristservice@pirna.de
GANZJÄHRIG ALS NACHTPARKPLATZ

GPS: 50.966920 N/13.937630 E

Der kostenfreie, befestigte Parkplatz direkt an der Elbe liegt am Ortsrand von Pirna ist geeignet für Wohnmobile, auch für Modelle über 8 m Länge. Zwischen 17:00 Uhr und 09:00 Uhr kann hier die Nacht direkt an der Elbe mit guter Aussicht auf eine Festung verbracht werden. Die Anlegestelle der Fähre ist direkt vor Ort und eine Überfahrt ist für 1,50 € möglich. Die Innenstadt mit ihrer schönen Altstadt, dem DDR-Museum und der Stadtkirche St. Marien ist ebenso fußläufig erreichbar. In weiterer unmittelbarer Nähe befindet sich außerdem ein Frei-, sowie ein Hallenbad. Wer lieber mit dem Schiff statt zu Fuß unterwegs sein möchte, findet mit diesem Parkplatz den idealen Ausgangspunkt für eine Elbschifffahrt.

Da es sich um einen Parkplatz handelt, gibt es keine Versorgung mit Frischwasser oder sanitären Einrichtungen. Stromanschlüsse sind ebenfalls nicht vorhanden. Eine Entsorgung des Grauwassers oder eine Entleerung der Chemietoilette ist nicht möglich. Maximal darf eine Nacht auf dem Platz verbracht werden. Hunde sind selbstverständlich erlaubt.

STELLPLÄTZE: 10
PREIS: KOSTENLOS

SACHSEN

WOHNMOBILSTELLPLATZ AM WALDBAD POLENZ IN NEUSTADT

AM FREIBAD

Flämmigtweg 3
01844 Neustadt in Sachsen
Mobil: +49 176 4150 1376
www.waldbad-polenz.de
info@waldbad-polenz.de
GANZJÄHRIG

GPS: 51.019440 N/14.179460 E

Einen idealen Ausgangspunkt für Erkundungstouren bietet der Stellplatz am Waldbad Polenz in Neustadt. Der idyllisch gelegene Platz, welcher für bis zu acht Meter lange Wohnmobile und Wohnwagen gleichermaßen geeignet ist, hat einen Untergrund aus Schotterrasen und überwiegend schattige Plätze. Durch den Anschluss an den öffentlichen Nahverkehr, welcher fußläufig erreichbar ist, kann hier optimal zu Ausflügen in die Sächsische Schweiz oder in die Großstädte Dresden und Leipzig gestartet werden.

Das nahe gelegene Waldbad verfügt über einen Nichtschwimmerbereich und ein 50m-Schwimmbecken. Weitere Freizeitmöglichkeiten werden beispielsweise durch Grillabende oder Kulturveranstaltungen geboten. Wichtig zu wissen: Hunde sind auf dem ganzjährig geöffneten Platz erlaubt und im Preis inbegriffen. Kostenfrei ist auch die Nutzung des WLANs. Das Geld ist direkt an den Betreiber zu entrichten. Für Frischwasser werden pro 100 l 2 € Gebühren fällig, ebenso sind 2 € pro Tag für Strom zu entrichten. Das Grauwasser kann problemlos entsorgt werden. Eine Ver- und Entsorgung ist jedoch nur im Sommer möglich.

STELLPLÄTZE: 15
PREIS: 7,50 EUR/NACHT

STELLPLATZ AM STRANDBAD FILZTEICH IN SCHNEEBERG

AM FREIBAD

Am Filzteich 3
08289 Schneeberg
Tel.: +49 3772 3502 641
https://www.bergstadt-schneeberg.de
kontakt@stw-schneeberg.de
ANFANG MAI BIS ENDE SEPTEMBER

GPS: 50.573998 N/12.611182 E

Die Lage der 15 Wohnmobilstellplätze direkt vor dem Freibad ist vor allem im Sommer ein Segen. In der Stellplatzgebühr ist der Eintritt ins Freibad inklusive. Darüber hinaus können die sanitären Anlagen im Schwimmbad genutzt werden. Der Untergrund ist durchweg eben und mit Rasengitter befestigt. Teilweise sind die Stellplätze beschattet. Im Freibad gibt es außerdem einen Imbiss und eine Gaststätte ist nur wenige Gehminuten entfernt. Bis ins Ortszentrum von Schneeberg sind es etwa 4,5 Kilometer. Eine Apotheke, ein paar Einkaufsgeschäfte und Restaurants sind 2 Kilometer entfernt.

Die Standgebühr von 10 Euro ist an der Freibadkasse zu entrichten, wo auch die Anmeldung für den Stellplatz erfolgt. Die Entsorgung von Grauwasser und der Toilettenkassette ist bereits im Preis inkludiert. Auch für Frischwasser werden keine zusätzlichen Kosten fällig. Nur für Strom werden 50 Cent pro kWh verrechnet. Bei den Duschen gibt es einen Münzeinwurf für 50 Cent. Es steht keine V/E Anlage am Stellplatz zur Verfügung. Hundebesitzer dürfen ihre Vierbeiner kostenlos mitnehmen.

STELLPLÄTZE: 15
PREIS: 10 EUR/NACHT

SACHSEN

VOGTLAND-STELLPLATZ IN PLAUEN

AM BAUERNHOF

Zum Burgteich 57
08527 Plauen
Tel.: +49 3305 6246 52
Mobil: +49 160 9066 9143
kai.sprunk@gmx.de
GANZJÄHRIG

GPS: 50.469660 N / 12.107840 E

Der an einem Bauernhof gelegene Stellplatz im kleinen Ort Thiergarten liegt in der Region Vogtland, welche bekannt ist durch seine idyllische und hügelige Landschaft und die zahlreichen imposanten Brücken. Mit einer Buslinie, welche unweit des Stellplatzes abfährt, erreicht man für 1,60 € in kurzer Zeit die Stadt Plauen. Machbar ist die Strecke auch mit dem Fahrrad entlang eines ausgewiesenen Weges am Rande des Flusses "Weiße Elster". In Plauen gibt es eine Vielzahl an Möglichkeiten der Freizeitgestaltung. Für Erwachsene lohnt sich ein Besuch im Museum oder Theater, für die kleinen ist das Schwimmbad interessant.

Die Kosten für die Nutzung des Platzes sind direkt beim Betreiber zu entrichten. Der Platz ist barrierefrei und überwiegend eben. Das Frischwasser kann für 2 € aufgefüllt werden, ebenso viel kostet die Nutzung des Stroms und die Entsorgung der Kassettentoilette. Für Durchreisende kostet die komplette Ver- und Entsorgung 4 €. Im Winter ist diese nicht verfügbar. Während auf der Anlage Hunde erlaubt und im Preis inklusive sind, gibt es keine sanitären Anlagen.

STELLPLÄTZE: 15
PREIS: 7 EUR/NACHT

STELLPLATZ AM HOTEL BERGHOF IN SEIFFEN

AN DER GASTSTÄTTE

Kurhausstraße 36
09548 Kurort Seiffen
Tel.: +49 3736 2772 0
https://www.berghof-seiffen.de
hotel@berghof-seiffen.de
ANFANG MÄRZ BIS ENDE OKTOBER

GPS: 50.645900 N/13.481600 E

Am höchstgelegenen Hotel in Seiffen befinden sich direkt am Waldrand 10 Stellplätze für Wohnmobile und Wohnwagen mit teilweise befestigtem und teilweise geschottertem Untergrund. Von hier hat man eine herrliche Aussicht bis zum Erzgebirgskamm. Bis ins Zentrum des Kurortes sind es 2,5 Kilometer. Dort gibt es Einkaufsmöglichkeiten und Restaurants. Aber auch im Hotel „Berghof" ist die Küche empfehlenswert. Mehrere Sehenswürdigkeiten und Ausflugsziele, wie das Erzgebirgische Freilichtmuseum und die Erlebniswelt Seiffen, liegen in unmittelbarer Nähe. Eine Tankstelle ist 3 Kilometer entfernt.

Die Stellplätze sind gebührenfrei, aber für Strom werden 4 Euro pro Tag und für Frischwasser 2 Euro pro Tag berechnet. Die Entsorgung von Grauwasser erfolgt über ein einfaches Bodenrohr ohne Spülmöglichkeit und kostet 1 Euro. Auch für die Entsorgung der Toilettenkassette wird 1 Euro berechnet. Brötchen können am Vorabend bestellt und am nächsten Tag bei der Rezeption abgeholt werden. An der Rezeption erfolgt auch die Anmeldung und Bezahlung. Der WLAN-Zugang ist zwar kostenlos, funktioniert aber nur rund um die Rezeption.

STELLPLÄTZE: 10
PREIS: KOSTENLOS

SACHSEN

STELLPLATZ AM GASTHOF WEMMER IN GROSSRÜCKERSWALDE

AN DER GASTSTÄTTE

Marienberger Straße 171
09578 Großrückerswalde
Tel.: +49 3735 9051 0
https://landgasthof-wemmer.de
info@landgasthof-wemmer.de
GANZJÄHRIG

GPS: 50.631350 N/13.125010 E

Im Herzen des schönen Erzgebirges, am Rande von Großrückerswalde, stellt der 3-Sterne Landgasthof „Wemmer" gebührenfreie Stellplätze für 10 Wohnmobile bereit. Der Untergrund ist durchweg asphaltiert. Am ganzjährig nutzbaren Stellplatz hinter dem Haus kann täglich ein Brötchenservice in Anspruch genommen werden oder man nutzt das reichhaltige Frühstücksbuffet im Landgasthof. Eine Konditorei, eine Fleischerei und ein Bierstüberl sind etwa 1 Kilometer entfernt. Der Stellplatz am Gasthof „Wemmer" ist ein idealer Ausgangspunkt für Wanderungen im Erzgebirge.

Das Passwort für kostenlosen WLAN-Zugriff ist an der Rezeption erhältlich, wo auch die Anmeldung und Bezahlung erfolgt. Eine vorherige Reservierung eines Stellplatzes ist nicht notwendig, wird aber für die Hochsaison empfohlen. Die Entsorgung von Grauwasser und der Toilettenkassette werden keine zusätzlichen Gebühren verrechnet. Strom kostet 2 Euro am Tag, für Frischwasser wird ein Pauschalbetrag von 1 Euro verrechnet. Auch die Mitnahme von Hunden ist kein Problem – Vierbeiner sind im Preis inkludiert.

STELLPLÄTZE: 10
PREIS: KOSTENLOS

RHEINLAND-PFALZ

WOHNMOBILSTELLPLATZ SIEBENGEBIRGSBLICK IN RHEINBREITBACH

Rolandsecker Weg 8
53619 Rheinbreitbach
Tel.: +49 0222 4779 6227
https://www.chrenko.de
info@chrenko.de
GANZJÄHRIG

GPS: 50.62236 N/7.22841 E

Die 14 gebührenpflichtigen Stellplätze am Wohnmobilstellplatz Siebengebirgsblick befinden sich in bewohntem Gebiet, direkt auf dem Gelände einer Autowerkstatt. Es handelt sich um vorwiegend befestigte Stellplätze mit Stromanschlüssen und Entsorgungsmöglichkeiten. Ein Supermarkt, ein Restaurant, eine Apotheke und zwei Bushaltestellen sind in unmittelbarer Nähe. Mit dem Bus erreicht man bequem das Ortszentrum, wo es weitere Einkaufsmöglichkeiten, Restaurants und verschiedene Sehenswürdigkeiten gibt. In wenigen Minuten ist man zu Fuß am Ufer des Rheins. Hinter Rheinbreitbach erhebt sich das beliebte Wander- und Erholungsgebiet Siebengebirge.

Für den Strom gibt es einen Münzautomaten: 2 kWh kosten 1 Euro. Auch der Frischwasseranschluss funktioniert per Münzzahlung: Für 90 Liter Wasser muss man mit 1 Euro rechnen. Die Entsorgung von Grauwasser und der Toilettenkassette ist in der Standgebühr inkludiert. Die Standgebühr ist direkt beim Betreiber in der Autowerkstatt zu bezahlen. Die Bezahlung ist nur in bar möglich. Es steht außerdem eine Elomat Super-Quattro V/E Anlage zur Verfügung. Hunde sind erlaubt.

STELLPLÄTZE: 14
PREIS: 10 EUR/NACHT

WOHNMOBILHAFEN PULVERMAAR IN GILLENFELD

AM SEE

Vulkanstraße
54558 Gillenfeld
Tel.: +49 6573 287
Mobil: +49 172 8879 345
www.feriendorf-pulvermaar.de/wohnmobilhafen
info@feriendorf-pulvermaar.de
GANZJÄHRIG

GPS: 50.131130 N/6.933020 E

Auf der Maarhöhe des Pulvermaars gelegen sind die Stellplätze in der Nähe des Feriendorfs Pulvermaar bestens ausgestattet. Der naturnahe Platz bietet eine großartige Aussicht auf das Wasser. Der Fußweg direkt zu dem Pulvermaar schafft eine kurze Verbindung an das Wasser. Besonders schön ist der Rundweg zum Spazieren gehen oder Walken rund um das Pulvermaar.

Die Kosten pro Nacht richten sich auch nach der Anzahl der Personen. Pro Person wird zusätzlich 1 Euro angesetzt. Die Kosten für die Entsorgung sind in dem Preis bereits enthalten. Das Frischwasser kostet je 50 Liter einen weiteren Euro. Für den Strom fallen Kosten in Höhe von 50 Cent pro Kilowattstunde an. Die ordentlichen Sanitäreinrichtungen an dem Stellplatz kosten 2 Euro pro Dusch-Vorgang. Die Bezahlung ist direkt bei dem Betreiber vorzunehmen. Hunde sind auf dem Platz grundsätzlich erlaubt und kosten einen Euro pro Tag.

STELLPLÄTZE: 40
PREIS: 9 EUR/NACHT

STELLPLATZ DEUDESFELD

Meisburgerstrasse 1
54570 Deudesfeld
Mobil: +49 1511 881 1112
Tel.: +49 6599 379
https://deudesfeld.de
ortsgemeinde.deudesfeld@vgdaun.de
GANZJÄHRIG

GPS: 50.100694 N/6.728887 E

Idyllisch am Rande der 400-Seelen Gemeinde Deudesfeld gelegen, bietet dieser ganzjährig geöffnete Stellplatz 8 Reisemobilstellplätze. Für Reisemobile gibt es keine Längen- oder Höhenbeschränkungen, Wohnwagen und Zelte sind jedoch nicht erlaubt. Der Stellplatz Deudesfeld ist ideal für Selbstversorger, denn Einkaufsgeschäfte, Restaurants und ein Imbiss sind fußläufig erreichbar. Vor Ort gibt es einen Brötchenservice und in der Nähe einen Bauernhof, wo man täglich frische Eier kaufen kann. Die Lage mitten in der Vulkaneifel ist ideal für Naturliebhaber und Wanderer. Ausgezeichnete Wanderwege, Fischteiche, Sportanlagen und der Vulkan-Erlebnispark Mosenberg Bettenfeld liegen in unmittelbarer Nähe.

Die 8 Stellplätze mit befestigtem Boden können ganzjährig kostenlos genutzt werden. Lediglich für die Brauchwasserentsorgung werden pro 100 Liter 1 Euro verrechnet, Strom kostet 50 Cent pro kWh. Die maximale Aufenthaltsdauer auf dem Stellplatz Deudesfeld beträgt 14 Nächte. Etwa 50 % der Fläche am hundefreundlichen Stellplatz ist von Bäumen beschattet. Es gibt einen Stromanschluss und Möglichkeiten für Grauwasserentsorgung, zur Entsorgung der Toilettenkassette und eine Frischwasserversorgung. In 2 Kilometern Entfernung kann man Gasflaschen tauschen.

STELLPLÄTZE: 8
PREIS: KOSTENLOS

STELLPLATZ EIFELLAND IN JÜNKERATH

AN DER GASTSTÄTTE

Glaadter Str. 16
54584 Jünkerath
Mobil: +49 1511 1658 553
https://www.eifel.info/a-wohnmobilstellplatz-eifelland
stellplatz-eifelland@freenet.de
GANZJÄHRIG

GPS: 50.35056 N/6.56591 E

Nicht nur für Angler sind die Reisemobilstellplätze direkt am Kyll-Bach am Ortsrand von Glaadt ein kleines Paradies. 8 Wohnmobile finden auf dem überwiegend ebenen, geschotterten Untergrund neben der Gaststätte des Betreibers einen Stellplatz. Am barrierefreien Stellplatz sind alle notwendigen Anschlüsse für Strom und Frischwasser sowie Entsorgungsmöglichkeiten für Grauwasser vorhanden, inklusive der Chemie-WCs. In den Sommermonaten kann die Grillstelle der Gaststätte genutzt werden. Der Aufenthalt von Hunden ist im Preis inbegriffen. Direkt ums Eck gibt es mehrere Einkaufsgeschäfte und eine Landbäckerei.

Die 10 Euro Aufenthaltsgebühr pro Nacht sind direkt beim Betreiber zu zahlen, der die dazugehörige Gaststätte führt. Für Strom werden 2 Euro pro Tag berechnet. Für die Entsorgung von Grauwasser und der Toilettenkassette werden keine Kosten berechnet. Auch das WC der Gaststätte ist für Wohnmobilbesitzer kostenlos zugänglich. Die Wanderwege der Eifel beginnen hier direkt vor der Tür. Wer sein Fahrrad mit dabei hat, sollte den Kylltalradweg erkunden.

STELLPLÄTZE: 8
PREIS: 10 EUR/NACHT

RHEINLAND-PFALZ

WOHNMOBILSTELLPLATZ ALTER BAHNHOF IN PRONSFELD

Bahnhofstraße Alter Bahnhof
54597 Pronsfeld
Tel.: +49 6556 9002 36
https://www.pronsfeld-eifel.de
ob@pronsfeld-eifel.de
GANZJÄHRIG

GPS: 50.163400 N/6.336730 E

Die Stellplätze in Pronsfeld eignen sich für Wohnmobile, auch mit einer Länge von mehr als 8 Metern. Der gepflegte Parkplatzbereich ist beleuchtet und mit Rasengittern versehen. Zu Fuß gut erreichbar sind die im Ort befindlichen Restaurants und Supermärkte. Eine Pizzeria und Bäckerei in kurzer Entfernung machen das gut strukturierte Umfeld perfekt. In der idyllischen Eifel gelegen, sind die Möglichkeiten für Wanderungen und Fahrradtouren in die Umgebung sehr vielfältig. Hervorzuheben ist das hervorragende W-LAN mit hoher Geschwindigkeit, sodass auch Filme oder Live-Streams geschaut werden können.

Einen idealen Start in den Tag bietet die herrliche Aussicht auf das Dorf. Sehenswert sind das nicht weit entfernte Eisenbahnmuseum, der Eifelzoo sowie der Aussichtspunkt "Hochbergsteig".

Für den Wohnmobilstellplatz Alter Bahnhof Pronsfeld liegen die Kosten bei günstigen 7 Euro pro Nacht und Fahrzeug. Ergänzend zu den Fixkosten kommen 50 Cent pro Kilowattstunde Strom. Die Kosten für das Wasser liegen bei 50 Cent für 60 Liter Frischwasser. Die Entsorgungskosten, das W-LAN sowie die Kosten für Hunde sind bereits enthalten und müssen nicht extra entrichtet werden.

STELLPLÄTZE: 25
PREIS: 7 EUR/NACHT

RHEINLAND-PFALZ

STELLPLATZ METZIS PANORAMABLICK IN OCKENHEIM

Sporkenheimer Weg (Außerhalb)
55437 Ockenheim
Mobil: +49 170 3040 249
http://www.metzis-panoramablick.de
info@metzis-panoramablick.de
GANZJÄHRIG

GPS: 49.946614 N/7.971368 E

Mit viel Liebe werden die beleuchteten Stellplätze am befestigten Stellplatz „Metzis Panoramablick" betreut. Am ruhigen Stadtrand der Weinstadt Ockenheim finden Wohnmobilbesitzer alles, was das Herz begehrt – ob Duschen, Waschmaschine, Wäschetrockner und sogar eine barrierefreie Sanitärkabine. Wenige Gehminuten entfernt gibt es Einkaufsgeschäfte und Restaurants. Eine Besonderheit am Stellplatz „Metzis Panoramablick" ist die Möglichkeit, von Montag bis Samstag sowie Feiertags online frische Fleisch- und Wurstwaren von einem Metzger bestellen zu können, die dann am Folgetag direkt vor die Tür geliefert werden. Brötchen sind ab 7 Uhr bei der Info abzuholen.

Eine vorherige Reservierung von Stellplätzen ist notwendig, wenn mehr als drei Wohnmobile gleichzeitig anreisen. Auf so einem hervorragend geführten Stellplatz sind alle Anschlüsse und Entsorgungsmöglichkeiten vorhanden. Für Entsorgungen wird nur bei Durchreisenden ein Aufpreis von 2 Euro verrechnet und für Brauchwasser 1 Euro. Der Strom kostet 3 Euro pro Tag. Auch die Duschen können nur gegen einen Aufpreis von 1 Euro, die Waschmaschine und der Trockner für jeweils 3 Euro pro Nutzung verwendet werden. Es ist darüber hinaus ein kostenloser WLAN-Zugang möglich.

STELLPLÄTZE: 30
PREIS: 8 EUR/NACHT

RHEINLAND-PFALZ

WOHNMOBILSTELLPLATZ AM WEINGUT DESOI IN BAD KREUZNACH

AM WEINGUT

Darmstädter Hof
55543 Bad Kreuznach
Tel.: +49 6716 3660
www.weingut-desoi.de
info@weingut-desoi.de
GANZJÄHRIG

GPS: 49.828150 N/7.889190 E

Zwischen Bad Kreuznach und Hackenheim am Weingut Desoi liegt dieser schöne Stellplatz für drei Wohnmobile. Die Stadt Bad Kreuznach ist ein staatlich anerkanntes Mineralheilbad und damit der ideale Anlaufpunkt für entspannte Urlaubstage. Wer sich um sein körperliches Wohlbefinden kümmern möchte, kann das Bäderhaus, die Therme oder eines der Gesundheitszentren der Stadt aufsuchen. Aktive Urlauber können zu Fuß die Altstadt von Bad Kreuznach besichtigen oder eines der Museen besuchen. Abends am Platz wieder angekommen, kann man beim Betreiber guten, gekühlten Wein verkosten und den Abend herrlich ausklingen lassen.

Neben einem Brötchenservice bietet der Platz eine ruhige Lage und einen befestigten Untergrund. Die Versorgung mit Frischwasser und Strom ist ebenfalls gegeben. Einzig eine Entsorgung der Abwässer und der Chemietoilette sowie sanitäre Anlagen sind nicht vorhanden. Wer mit seinem Haustier reist, ist auf diesem Platz ebenfalls herzlich willkommen – Hunde sind erlaubt. Wenn der Weg nach Bad Kreuznach nicht zu Fuß zurückgelegt werden soll, kann auch die Bushaltestelle in Stellplatznähe genutzt werden.

STELLPLÄTZE: 3
PREIS: 5 EUR/NACHT

STELLPLATZ SOONWALDBLICK IN SEESBACH

Kirchstraße 11
55629 Seesbach
Tel.: +49 6754 8880
frank.reichard@t-online.de
GANZJÄHRIG

GPS: 49.84638 N/7.55006 E

Auf eine super Aussicht dürfen sich Wohnmobilbesitzer freuen, wenn sie den Stellplatz Soonwaldblick am Dorfrand von Seesbach nutzen. Der gebührenpflichtige Stellplatz liegt in einer schönen Naturlandschaft, ist eingezäunt, überwiegend eben und besteht aus geschottertem Untergrund sowie teilweise aus Wiese. Das Zentrum von Seesbach ist in wenigen Minuten zu Fuß erreichbar. Es gibt allerdings nur einen Bäcker, weitere Einkaufsmöglichkeiten finden sich im 5 Kilometer entfernten Ort Simmertal. Direkt beim Betreiber kann man täglich frische Bio-Eier kaufen. Die Anreise mit dem Wohnmobil ist nur zwischen 9 und 19 Uhr möglich.

Zwei Erwachsene, ein Kind und ein Hund sind im Preis inbegriffen. Die Standgebühr ist direkt beim Betreiber zu entrichten. Für einen Aufpreis von 2,50 Euro pro Tag wird der Strom freigeschaltet. Es gibt allerdings keine Entsorgungsmöglichkeiten für Grauwasser oder für die Toilettenkassette. Auch ein Frischwasseranschluss ist nicht vorhanden. Es wird empfohlen, vorab per Telefon oder E-Mail zu reservieren, da der Stellplatz sonst bereits vergeben sein könnte.

STELLPLÄTZE: 1
PREIS: 5 EUR/NACHT

RHEINLAND-PFALZ

WOHNMOBILSTELLPLATZ HÖHENBLICK IN OBERBROMBACH

Sonnenberger Straße
55767 Oberbrombach
Tel.: +49 6787 735
Mobil: +49 171 9576 896
https://www.xn--wohnmobilstellplatz-hhenblick-05c.de
walter.gruen@t-online.de
GANZJÄHRIG

GPS: 49.694604 N/7.259302 E

Der familiär geführte Stellplatz Höhenblick macht seinem Namen alle Ehre. Am Rande des Nationalparks Hunsrück, 300 Meter vom Dorfrand entfernt, genießt man einen uneingeschränkten Ausblick. Ein Fixpunkt jedes Wochenende ist der Spießbraten vom Grill. Für 75 Wohnmobile mit einer Maximallänge von 12 Metern stehen sowohl parzellierte als auch unparzellierte Stellplätze zur Verfügung. Etwa 10 Prozent der Plätze sind beschattet. Der nächste Supermarkt und die nächste Tankstelle sind 5 Kilometer entfernt, ein Restaurant ist 4 Kilometer entfernt. Brötchenservice gibt es vor Ort.

Anmeldung und Bezahlung erfolgen direkt vor Ort beim Betreiber. Für die 25 geschotterten und 50 Stellplätze mit befestigtem Untergrund stehen alle Entsorgungs- und Versorgungsmöglichkeiten zur Verfügung. Für Wasser wird pro 100 Liter 1 Euro verrechnet, für 10 Liter Wasser 10 Cent. Die Entsorgung kostet für Durchreisende 2 Euro. In der zusätzlichen Strompauschale von 2 Euro sind 4 kW inkludiert. Danach wird nach Verbrauch 50 Cent pro kW abgerechnet. Küche, Aufenthaltsraum und Grill können nach Absprache genutzt werden. Hunde sind im Preis inklusive.

STELLPLÄTZE: 75
PREIS: 9 EUR/NACHT

RHEINLAND-PFALZ

WOHNMOBILSTELLPLATZ AM LAVA-DOME IN MENDIG

Brauerstraße 8
56743 Mendig
Tel.: +49 2652 9399 222
https://www.mendig.de
office@lavadome.de
GANZJÄHRIG

GPS: 50.375560 N/7.285760 E

Auf dem Schotterstellplatz sind die kurzen Wege in die Stadt und das Vulkanmuseum hervorzuheben. Der Stellplatz liegt zentral und ruhig in Mendig. Für die 10 Wohnmobile gibt es Frischwasser, Strom und Entsorgungsmöglichkeiten. Direkt in der Nähe des Stellplatzes befindet sich eine gute Gaststätte. In wenigen Minuten ist das Zentrum gut zu Fuß erreichbar. Bis zu der Brauerei mit einer Brauhauswirtschaft sind es lediglich 200 Meter. In dem Biergarten lässt sich das gute Essen und hervorragende Bier im Freien genießen. Der Stellplatz kann gut als Ausgangspunkt für Wanderungen oder Radtouren in die schöne Umgebung genutzt werden.

Mit lediglich 5 Euro pro Nacht ist der günstige Stellplatz am Lava-Dome idealer Ausgangspunkt für ein tolles Camping-Erlebnis. Zusätzlich zu den Kosten pro Nacht liegen die Kosten für das Wasser bei 1 Euro pro Liter und 50 Cent pro Kilowattstunde Strom. Die Entsorgungsleistungen sind kostenfrei und bereits im Preis enthalten. Ebenfalls kostenfrei sind Hunde! Grundsätzlich erfolgt die Bezahlung direkt an dem Ticket-Automat.

STELLPLÄTZE: 10
PREIS: 5 EUR/NACHT

WOHNMOBILSTELLPLATZ AM WEINGUT PETER HOHN IN LEUTESDORF

AM WEINGUT

In der Gartenlay 50
56599 Leutesdorf
Tel.: +49 2631 7181 7
www.weingut-hohn.de
info@weingut-hohn.de
GANZJÄHRIG

GPS: 50.460124 N/7.373329 E

Das in Rheinnähe befindliche Weingut Peter Hohn bietet Wohnmobilisten zwei Stellplätze direkt am Gut. Mit Blick auf die Weinberge dürfen hier maximal zwei Nächte verbracht werden. Der Wein kann direkt vom Familienbetrieb erworben werden; ist jedoch kein Muss. Der Weinort Leutesdorf bietet neben weiteren Winzerbetrieben und Weinstuben auch eine große Anzahl an Gaststätten und Ausflugslokalen. Um den nötigen Appetit zu bekommen, kann man vorher auf den ausgewiesenen Rad- und Wanderwegen aktiv sein. Wer in seinem Urlaub lieber entspannen möchte, kann der nahe gelegenen Therme einen Besuch abstatten.

Die zwei Plätze am Weingut sind auf einer teilweise unebenen Wiese mit Schotterrasen angelegt. Das Zentrum von Leutesdorf ist zu Fuß erreichbar, ein Anschluss an den ÖPNV ist aber ebenfalls gegeben. Von Leutesdorf kann man prima mit der Fähre über den Rhein nach Andernach fahren. Wer auf dem Stellplatz einkehrt, kann sein Frischwasser auffüllen und bekommt auf Nachfrage, die Möglichkeit Landstrom zu nutzen. Sanitäre Anlagen und eine Entsorgungsmöglichkeit für Grauwasser sind nicht vorhanden.

STELLPLÄTZE: 2
PREIS: KOSTENLOS

RHEINLAND-PFALZ

WOHNMOBILSTELLPLATZ HORNBACH

Bahnhofstraße
66500 Hornbach
Tel.: +49 6338 8091 53
www.klosterstadt-hornbach.de
info@stadt-hornbach.de
GANZJÄHRIG

GPS: 49.183820 N/7.365600 E

Hornbach ist eine Klosterstadt, die schon im Jahr 742 gegründet wurde. Das Historama, das Klostermuseum, bietet eine spannend gestaltete Zeitreise und ist somit ein tolles Ziel für große und kleine Interessierte. Der Ort Hornbach liegt außerdem an dem bekannten Jakobsweg, der nach Spanien führt und auf dem hier ein Teil gewandert werden kann. Auch Radfahrer finden in der Region ausgewählte Routen. Kinder können die Zeit auf dem Spielplatz oder beim Minigolf verbringen.

Die Gebühren des Platzes beinhalten bereits die Kurtaxe und sind direkt beim Platzwart zu bezahlen. Wer vorher schon weiß, dass er diesen Stellplatz aufsuchen möchte, kann wunderbar die Stellplatz-Reservierung nutzen und so ganz entspannt anreisen. Hunde sind auf dem Platz ebenfalls gern gesehene Gäste. Das WLAN kostet keine zusätzliche Gebühr, Frischwasser wird aber mit 1 € pro 60 Liter abgerechnet und Strom mit 1 € pro 2 kWh. Die Entsorgung von Grauwasser und der Chemietoilette ist ebenfalls und ohne weitere Gebühren möglich. Ein WC ist vorhanden, eine Dusche aber nicht.

STELLPLÄTZE: 26
PREIS: 8 EUR/NACHT

RHEINLAND-PFALZ

STELLPLATZ AM WEINGUT EDELBRAUCH IN EDENKOBEN

AM WEINGUT

St. Martiner Str. 30
67480 Edenkoben
http://www.edel-brauch.de/wohnmobile
edel-brauch@t-online.de
GANZJÄHRIG

GPS: 49.289100 N/8.122870 E

Das ganze Jahr über können die 20 Reisemobilstellplätze am Stellplatz des Weingutes „Edelbrauch" genutzt werden. Für Reisemobile gibt es keine Längen- oder Höhenbeschränkung, auch die Stehdauer ist unbegrenzt. Stromanschlüsse und Frischwasserversorgung sind vorhanden. Die Gaststätte des Weingutes ist direkt nebenan. Weitere Einkaufsmöglichkeiten sind nur 1-2 Kilometer entfernt. Auch das Freibad von Edenkoben ist fußläufig erreichbar. Hundebesitzer dürfen ihre geliebten Vierbeiner kostenlos mitbringen.

Die Reisemobilstellplätze am Weingut Edelbrauch sind unbefestigt und befinden sich zwischen Weinreben und Obstbäumen, weshalb beim Manövrieren besondere Vorsicht geboten ist. Die Nutzung der Stellplätze ist kostenlos. Auch der Strom kann kostenlos genutzt werden, wenn die Gastronomie im Gasthof am Weingut in Anspruch genommen wird oder die Reisemobilbesitzer Weine des Weinguts kaufen. Auf Wunsch gibt es einen morgendlichen Brötchenservice. Es ist mit keinen zusätzlichen Kosten für Entsorgungen zu rechnen. Etwa 2 Kilometer entfernt gibt es eine Tankstelle, an der man Gasflaschen tauschen kann.

STELLPLÄTZE: 20
PREIS: KOSTENLOS

SAARLAND

WOHNMOBILSTELLPLATZ AM WÜRZBACHER WEIHER IN BLIESKASTEL

Marxstraße
66440 Blieskastel
Tel.: +49 6842 9261 314
Mobil: +49 179 1226 046
www.bliekastel.de
tourismus@blieskastel.de
ANFANG MÄRZ BIS ENDE OKTOBER

GPS: 49.247170 N/7.191580 E

Dieser Stellplatz liegt am Ortsrand von Niederwürzbach, direkt am Würzbacher Weiher am Park Philippslust. Niederwürzbach liegt im Biosphärenreservat Bliesgau und hat daher ein ausgeprägtes Wander- und Radwegenetz, wie zum Beispiel den bekannten Bliestal-Freizeitweg. Wer es etwas lebhafter mag, sollte direkt am Platz bleiben. Kinder können hier direkt im Weiher baden oder den Kinderspielplatz nutzen. Auch ein Strandvolleyballplatz ist vorhanden. Zusätzlich gibt es noch einen Biergarten, in dem am Wochenende auch mal Livemusik geboten wird.

Der Platz hat einen geschotterten Untergrund und kann von Ende März bis Ende Oktober angefahren werden. Am Platz gibt es Frischwasser für 1 € pro 10 Minuten und Strom für 1 € pro 4 Stunden. Das Grauwasser kann ebenfalls für 1 € entsorgt werden. Die Entsorgung der Chemietoilette ist auch möglich. WLAN und sanitäre Anlagen sind auf dem Platz nicht vorhanden. Hunde sind hier nicht erlaubt.

STELLPLÄTZE: 10
PREIS: 4,50 EUR/NACHT

WOHNMOBILHAFEN HERRENBERG

Längenholz 4
71083 Herrenberg
Tel.: +49 7032 9243 20
http://www.herrenberg.de
ktm@herrenberg.de
GANZJÄHRIG

GPS: 48.590166 N/8.877534 E

Am Ortsrand der Stadt Herrenberg unweit der A 81 gelegen, bietet der Wohnmobilhafen Herrenberg zehn Stellplätze auf Schotterrasen, die zu einem entspannten Zwischenstopp einladen. Der Platz liegt Nahe des Hallen- und Naturfreibads, indem auch eine kostenpflichtige Duschmöglichkeit besteht. Die angrenzende Freizeitanlage bietet verschiedene Sportmöglichkeiten und an den beiden Grillplätzen lassen sich gemütliche Abende verbringen. Es sind ebenfalls Stellplätze für Wohnmobile mit einer Länge von über acht Metern vorhanden. Eine Reservierung ist nicht möglich, über das Herrenberger Stadtnavi werden freie Plätze aber bequem angezeigt.

Der Wohnmobilhafen hat einen direkten Anschluss an die öffentlichen Verkehrsmittel und das Stadtzentrum mit mittelalterlicher Altstadt ist in wenigen Minuten zu Fuß zu erreichen. In den verwinkelten Gassen gibt es diverse Einkaufsmöglichkeiten sowie gemütliche Cafés und Restaurants. Der Naturpark Schönbuch lädt zu Spaziergängen ein, der neu gebaute Schönbuchturm bietet dabei eine beeindruckende Aussicht auf den Park und die Umgebung. Rad- und Wanderwege sind ebenfalls in der Nähe. Entsorgung, Hunde und WLAN sind im Übernachtungspreis enthalten. Strom: 1 Euro/ kWh, Wasser 1 €/80 L.

STELLPLÄTZE: 10
PREIS: 5 EUR/NACHT

WOHNMOBILSTELLPLATZ AM WEINGUT KNAUSS IN WEINSTADT

AM WEINGUT

Nolten 2
71384 Weinstadt
Tel.: +49 7151 6063 45
https://weingut-knauss.com
info@weingut-knauss.com
GANZJÄHRIG

GPS: 48.792670 N/9.363300 E

Was gibt es Schöneres als eine Übernachtung im Freien mit Blick auf die Weinberge? Auf dem Weingut Knauß in Weinstadt außerhalb von Strümpfelbach ist das möglich. Die Weinberge liegen direkt vor einem ??Weingut?? und das Weingut bietet Platz für bis zu drei Camper an. Für den Stellplatz fallen keine Kosten an, dafür ist die Einkehr obligatorisch. Hunde sind ebenfalls willkommen und kosten nichts.

Der historische Ortskern ist fast schon ein Pflichtbesuch, denn es gibt viel zu erkunden. Das gilt auch für den Skulpturenweg oder für den Weinwanderweg. Das Stadtzentrum ist nicht weit entfernt und gut zu Fuß zu erreichen.

Frischwasser und Strom sind kein Problem und ebenfalls gebührenfrei. Ein Tipp: Der Flammkuchen und der eigene Riesling vom Weingut sind ein wahres Gedicht. Dazu ein schöner Sonnenuntergang, der die Weinberge in ein warmes Orange färbt. So lässt es sich im Campingurlaub leben! Der Platz ist das ganze Jahr über geöffnet, wobei um eine Reservierung beim Betreiber gebeten wird. Die Zufahrt ist mit Schotter ausgelegt und der nahezu ebenerdige Stellplatz bietet ausreichend Fläche an.

STELLPLÄTZE: 3
PREIS: KOSTENLOS

WOHNMOBILSTELLPLATZ AN DER NAGOLD IN WILDBERG

Klosterhof
72218 Wildberg
Tel.: +49 7054 2010
https://www.wildberg.de
tourismus@wildberg.de
GANZJÄHRIG

GPS: 48.6216588 N/8.7463563 E

Der Wohnmobilstellplatz an der Nagold in Wildberg bietet reichlich Platz zum Campen an. Der Platz ist teils mit Wiese und teils mit Rasengitter ausgelegt. Der ebenerdige Stellplatz liegt weiter unten im Tal, während die Urlauber auf die Neubauten von Wildberg schauen. Der Bereich zum Campen ist mit vielen Bäumen abgeschirmt, sodass eine pure Idylle herrscht. Nicht weit vom Platz gibt es einen großen Spielplatz mit Wasserspielzeug, der für Kinder allen Alters perfekt ist. In der Altstadt, die gut zu Fuß zu erreichen ist, gibt es viele Sehenswürdigkeiten. Der Stellplatz ist für Kulturinteressierte ideal, die gerne die Reste der übrig gebliebenen Stadtmauer oder das Heimatmuseum erkunden möchten. Der Hexenturm versetzt seine Besucher in die Zeit des Mittelalters zurück.

Der gebührenfreie Stellplatz heißt Hunde willkommen und bietet Strom für 1 Euro pro kWh und 1 Euro pro 50 Liter Wasser an. An der Entsorgungsstation können Grauwasser und die Kassettentoilette entleert werden. Ver- und Entsorgung sind allerdings nicht im Winter verfügbar. Um sich die Beine zu vertreten, bietet sich der angrenzende Nagold-Radweg an. Ein besonderer Ausflugtipp: Die Schlossruine ist für Jung und Alt sehr interessant.

STELLPLÄTZE: 10
PREIS: KOSTENLOS

STELLPLATZ AM SOFIENBAD IN ROSENFELD

AM FREIBAD

Brechete 39
72348 Rosenfeld
Tel.: +49 7428 9392 40
www.rosenfeld.de
tourist-info@rosenfeld.de
GANZJÄHRIG

GPS: 48.282570 N/8.721777 E

Der gebührenfreie und ganzjährig nutzbare Wohnmobilstellplatz ist am Stadtrand von Rosenfeld direkt am Sofienbad zu finden, sodass man in der warmen Jahreszeit auch dort die Sonne genießen und einige Runden im kühlen Wasser drehen kann. Das Areal wurde auf einem Parkplatz für insgesamt sechs Reisemobile angelegt, wobei der Untergrund überwiegend eben und geschottert ist. Der Platz verfügt über Strom und Frischwasser, zudem ist auch die Entsorgung von Grauwasser möglich. Ganz in der Nähe ist außerdem eine Apotheke zu finden. Tipp: Kein SAT-Empfang, keine Dusche oder WC vorhanden, kein bewachter Stellplatz.

Das Zentrum von Rosenfeld können die Gäste zu Fuß erreichen, dort stehen ihnen auch Supermärkte bzw. Restaurants zur Verfügung. Zudem besteht die Möglichkeit, den Aussichtsturm Bickelsberg/Brittheim zu besuchen oder am Fisch-Lehrpfad zu wandern. Sehr empfehlenswert ist auch das Heimatmuseum Leidringen, das Einblick in das Leben und Arbeiten um 1900 gewährt. Im Ortsteil Brittheim befindet sich zudem die Sternwarte Zollern-Alb, die zu den größten deutschen Volkssternwarten gehört. Strom: 1 Euro/6 Stunden, Wasser: 1 Euro/100 Liter.

STELLPLÄTZE: 6
PREIS: KOSTENLOS

WOHNMOBILSTELLPLATZ AM FREIBAD IN RUDERSBERG

AM FREIBAD

Bronnwiesenweg
73635 Rudersberg
Tel.: +49 7183 3005 0
https://www.rudersberg.de
info@rudersberg.de
GANZJÄHRIG

GPS: 48.883889 N/9.521667 E

Am Ortsrand vom idyllisch gelegenen Ort Rudersberg nahe Winnenden befindet sich der Wohnmobilstellplatz am Freibad mit einer ruhigen Lage. Der Platz ist angrenzend zum hiesigen Freibad gelegen und ist ebenerdig mit Schotter ausgelegt. Zu Fuß ist die nächste Bushaltestelle gut zu erreichen, um ins Stadtzentrum zu gelangen. Wichtig zu wissen: Es gibt keine sanitären Anlagen auf dem Platz.

Von dem Wohnmobil-Stellplatz aus bietet sich ein Besuch der Stadt Rudersberg an. Zahlreiche Sehenswürdigkeiten warten auf die Camper, die sich die pittoreske Altstadt mit den Fachwerkhäusern oder die vielen Museen anschauen. Ein Besuch der Burg Waldenstein ist für Jung und Alt sehr interessant.

Hunde sind auf dem Platz erlaubt und im Preis inklusive. Der Preis für die Übernachtung ist im Informationszentrum zu entrichten: Vor Ort ist also kein Ansprechpartner da, sodass eine Anreisezeit während der Öffnungszeiten ideal ist. Strom: 1 Euro pro 2 kWh, Wasser 10 Cent pro 10 Liter. Eine Entsorgung für die Kassettentoilette ist möglich.

STELLPLÄTZE: 4
PREIS: 8 EUR/NACHT

BADEN-WÜRTTEMBERG

STELLPLATZ AM WEINGUT LAICHER IN OBERSULM

AM WEINGUT

Heerweg 21
74182 Obersulm
Tel.: +49 7134 3374
www.weingut-laicher.de
info@weingut-laicher.de
MITTE JANUAR BIS ENDE NOVEMBER

GPS: 49.1324531 N/9.3572697 E

Dieser gebührenfreie und gepflegte Stellplatz befindet sich am Weingut Laicher in Willsbach und bietet Platz für insgesamt sechs Wohnmobile. Der Wohnmobilstellplatz bietet seinen Gästen WLAN, Frischwasser und Strom. Zu beachten ist, dass Grauwasser nicht entsorgt werden kann und dass es keine Duschmöglichkeiten gibt. Zudem muss ein Stellplatz vorab beim Weingut reserviert werden. Tipp: Der Stellplatz ist an den öffentlichen Nahverkehr angebunden, eine Haltestelle ist zu Fuß erreichbar.

Wer möchte, kann am Weingut einkehren, um dort die erstklassigen Weine zu verkosten. Auch die Ortschaft Obersulm ist nur 1,7 Kilometer vom Stellplatz entfernt. Dort findet sich ein breites Sortiment an diversen Einkaufsmöglichkeiten. Außerdem lohnt sich ein Besuch des Breitenauer Sees, der ein perfekter Ausgangspunkt für Rad- oder Wanderausflüge in die traumhaften Weinberge ist. Einen Blick in die Vergangenheit bieten außerdem das Schul- und Spielzeugmuseum, das Museum der Synagoge Obersulm-Affaltrach sowie der Jüdische Friedhof. Hunde sind am Stellplatz erlaubt.

STELLPLÄTZE: 6
PREIS: KOSTENLOS

STELLPLATZ WEINSBERG

Eugen-Diez-Straße 4
74189 Weinsberg
Tel.: +49 7134 5120
www.weinsberg.de
stadt@weinsberg.de
GANZJÄHRIG

GPS: 49.148320 N/9.285280 E

Dieser gebührenfreie Stellplatz liegt in Weinsberg in der Nähe zur Autobahn A81 bzw. A6 und ist für insgesamt 12 Wohnmobile geeignet. Der Untergrund des Areals ist überwiegend eben, bietet aber keinen Schatten. Des Weiteren steht den Gästen auch WLAN zur Verfügung, Grauwasser kann ebenfalls entsorgt werden. Duschen und WCs sind allerdings nicht vorhanden. Gut zu wissen: Der Platz befindet sich unterhalb des Bahndamms, sodass auch die Bahn zu hören ist.

Darüber hinaus ist der Stellplatz Weinsberg bestens dazu geeignet, um die verschiedensten Wander- und Radwege in der Umgebung zu erkunden. Außerdem erreicht man innerhalb von 20 Minuten die Burgruine Weibertreu. Für alle, die Weinsberg erkunden wollen, ist in einem Kästchen am Stellplatz ein Stadtplan zu finden. Die Altstadt von Weinsberg bietet zahlreiche gastronomische Einkehrmöglichkeiten, sehr interessant ist auch der Wachturm mit Heimatstube, der ursprünglich ein Teil der Stadtbefestigung und das Nachtlokal des Nachtwächters war. Im Wachturm können die Besucher einen Blick auf alte Urkunden und Bilder sowie geschichtliches Dokumentationsmaterial werfen. Hunde sind in der Übernachtung inbegriffen, Strom: 50 Cent/kWh, Wasser: 50 Cent/20 Liter.

STELLPLÄTZE: 12
PREIS: KOSTENLOS

WOHNMOBILSTELLPLATZ AM WEINGUT ECHLE IN BRACKENHEIM

AM WEINGUT

Marsanerstaße 18
74336 Brackenheim
Tel.: +49 7135 8134
www.weingut-echle.de
info@weingut-echle.de
GANZJÄHRIG

GPS: 49.102380 N/9.049920 E

Dieser Stellplatz ist direkt an einem familiengeführten Weingut, mit Blick auf die Burg Neipperg gelegen. Am Ortsrand des Dorfes, umgeben von Rebflächen, kann der wunderbare Wein des Gutes verkostet und in eine Besenwirtschaft eingekehrt werden. Bei Abnahme von 12 Flaschen Wein oder durch Verzehr in der Besenwirtschaft steht man hier sogar eine Nacht kostenlos. Nach ca. 20-minütiger Fahrt ohne Steigung findet man Anschluss an den bekannten Neckartal-Radweg, der wunderschöne Strecken in verschiedene Richtungen bietet.

Der Platz ist befestigt und steht ganzjährig für Wohnmobile zur Verfügung. Die Entsorgung von Grauwasser sowie der Chemietoilette und das Auffüllen mit Frischwasser sind bereits im Preis inklusive. Für 2€ pro Tag kann Strom dazu gebucht werden, ein WLAN ist jedoch nicht vorhanden. Zusätzlich stehen Dusche und WC zur Verfügung, die Dusche kann für 2€ ohne Zeit- oder Wasserlimit genutzt werden. Hunde sind auf diesem Platz ebenfalls herzlich willkommen.

STELLPLÄTZE: 7
PREIS: 10 EUR/NACHT **NEU 06/22:** 12 EUR/NACHT

STELLPLATZ AM MINERALFREIBAD IN BÖNNIGHEIM

AM FREIBAD

Bachstraße
74357 Bönnigheim
Tel.: +49 7143 2731 51
www.boennigheim.de
info@boennigheim.de
GANZJÄHRIG

GPS: 49.039850 N/9.088810 E

Am Ortsrand von Bönnigheim und direkt am Mineralfreibad liegt dieser schöne, gepflegte und ganzjährig nutzbare Stellplatz für insgesamt neun Wohnmobile, wobei einige Plätze mit Strom ausgestattet sind. Darüber hinaus steht den Gästen auch kostenloses WLAN zur Verfügung. Der Platz ist überwiegend eben und verfügt zum Teil auch über gepflasterten Untergrund mit einem Rasengitter. Durch die Nähe zum Freibad kann man jederzeit einen Sprung ins kühle Nass wagen.

Das Zentrum von Bönnigheim ist problemlos zu Fuß zu erreichen, hier befinden sich einige Supermärkte und Gaststätten, in denen man sich kulinarisch verwöhnen lassen kann. Interessierte können darüber hinaus den Köllesturm, das Museum Sophie La Roche oder das Museum Charlotte Zander besuchen. Geschichtsinteressierte zieht es zum Stadionschen Schloss, das im spätbarocken Stil erbaut wurde. Dort finden zahlreiche Veranstaltungen statt. Tiere sind im Preis inbegriffen, Strom: 1 Euro/kWh.

STELLPLÄTZE: 9
PREIS: 7,50 EUR/NACHT

BADEN-WÜRTTEMBERG

STELLPLATZ AN DER RUDOLF-THEN-HALLE IN MICHELBACH/BILZ

Hagenhofweg 8
74544 Michelbach/Bilz
Tel.: +49 7919 3210 0
Mobil: +49 174 6773 093
www.michelbach-bilz.de
info@michelbach-bilz.de
GANZJÄHRIG

GPS: 49.071290 N/9.769880 E

Dieser gebührenfreie Stellplatz ist auf einem Parkplatz in Michelbach/Bilz zu finden und bietet Platz für zwei Wohnmobile. Der Stellplatz ist überwiegend eben und barrierefrei und zum Teil schattig gelegen. Den Gästen stehen Wasser und Strom zur Verfügung. Zu beachten ist, dass es hier kein WLAN gibt und keine Grauwasser-Entsorgung möglich ist. Ein Stellplatz muss vorab reserviert werden.

Das Zentrum von Michelbach/Bilz ist zu Fuß erreichbar. Dort befinden sich verschiedene Einkaufsmöglichkeiten. Außerdem ist der Wohnmobilstellplatz ein perfekter Ausgangspunkt für Wanderungen in die nähere Umgebung oder für eine Bike-Tour durch die Limpurger Berge. Auch das Panorama vom Hausberg „Bilz" sollte man sich keinesfalls entgehen lassen. Hunde sind in der Übernachtung ebenfalls inkludiert, Strom und Wasser sind kostenlos.

STELLPLÄTZE: 2
PREIS: KOSTENLOS

WOHNMOBILSTELLPLATZ AM ROTHERMA-BAD IN GAGGENAU

AM THERMALBAD

Badstraße 15
76571 Gaggenau
Tel.: +49 7183 3005 0
https://www.rotherma.de
info@rotherma.de
GANZJÄHRIG

GPS: 48.807860 N/8.302750 E

Im Herzen Baden-Badens nicht weit von der französischen Grenze befindet sich der Wohnmobilstellplatz am Rotherma-Bad in Gaggenau. Der Stellplatz ist für sechs Wohnmobile ausgelegt und bietet einen festen Untergrund mit Rasengitter ohne Schatten an. Neben dem Platz ist das Rotherma-Bad, das ganzjährig geöffnet hat. Ein Tipp: Vom Platz aus sind es nur wenige Fußminuten bis zum nächsten italienischen Restaurant, das für seine leckeren Speisen und Getränke bekannt ist. In Gaggenau sind weitere Einkaufsmöglichkeiten vorhanden, um sich für den Campingurlaub mit Lebensmitteln aller Art einzudecken.

Nach einem wohltuenden Tag in der Therme mit Saunagang ist ein gemütlicher Spaziergang durch den angrenzenden Wald sehr erholsam. Die gut ausgeschilderten Rad- und Wanderwege sind für Natur- und Sportliebhaber ein wahrer Segen. Die Murg fließt im Stadtzentrum entlang, die für echte Naherholung sorgt.

Hunde sind auf dem Platz willkommen und im Preis enthalten. Dieser ist an der Badkasse der Therme zu entrichten. Für Wasser ist 1 Euro pro 100 Liter fällig und für Strom kommen 50 Cent pro kWh hinzu. Die Entsorgung der Kassettentoilette ist möglich.

STELLPLÄTZE: 6
PREIS: 10 EUR/NACHT

WOHNMOBILSTELLPLATZ AM OCHSENSTALL IN BÜHL

AN DER GASTSTÄTTE

Hundsrücken 1
77815 Bühl
Tel.: +49 7226 9209 11
www.wanderheim-ochstenstall.de
info@wanderheim-ochsenstall.de
ANFANG MAI BIS MITTE NOVEMBER

GPS: 48.616130 N/8.210910 E

Der Wohnmobilstellplatz am Ochsenstall liegt inmitten wunderschöner Natur etwas außerhalb der Ortschaft Untersmatt. Direkt neben dem Stellplatz befindet sich eine Gaststätte, wo auch die Gebühren bezahlt werden. Am Platz gibt es zudem eine Grillstelle, einen Biergarten und ein Restaurant, außerdem steht den Gästen ein Brötchenservice zur Verfügung und der Platz wird von einem Platzwart bewacht. Der Schrankencode muss per E-Mail oder telefonisch erfragt werden. Zu beachten ist, dass die WC- und Duschnutzung eingeschränkt ist und die Sanitäranlagen nur zwischen 10 und 18 Uhr geöffnet sind. Darüber hinaus ist hier auch keine Toiletten- und Grauwasserentsorgung möglich und es gibt keinen Internet- und Telefonempfang.

Ganz in der Nähe können Sie das Naturschutzgebiet erkunden, wo Sie auch zahlreiche ausgewiesene Wander- bzw. Fahrradwege durch den Nordschwarzwald finden. Sehr empfehlenswert ist außerdem ein Abstecher zum Mummelsee, der nicht weit vom Stellplatz entfernt liegt. Darüber hinaus lohnt sich ein Bummel durch die Innenstadt von Bühl mit ihren historischen Gebäuden, engen Gassen sowie den eindrucksvollen Fachwerkhäusern. Hunde, Strom, Duschen sind im Übernachtungspreis inkludiert. Die Kurtaxe beträgt 1,50 Euro.geöffnet von.

STELLPLÄTZE: 5
PREIS: 10 EUR/NACHT

WOHNMOBILSTELLPLATZ ULM IN RENCHEN

Ullenburgstraße
77871 Renchen
Tel.: +49 7843 7071 8
https://www.renchen.de
d.kuhnt@renchen.de
GANZJÄHRIG

GPS: 48.580979 N/8.045054 E

Nahe des Zentrums des Bierdorfs Ulm befindet sich der gut gepflegte und neu asphaltierte Stellplatz für Wohnmobile und für solche bis über acht Meter. Die einzelnen Stellplätze sind ebenerdig, mit Schotter ausgelegt und durch Grünzeug abgetrennt. Das sorgt für etwas Privatsphäre auf dem ohnehin schon großflächigen Platz.

Für Bierfans ist insbesondere ein Besuch der Familienbrauerei Bauhöfer und ihrem Biergarten empfehlenswert. Das Brauhaus, aber auch andere gastronomische Angebote sind fußläufig erreichbar. Durch das top ausgebaute Radwegenetz eignet sich der Stellplatz am Rande des Schwarzwaldes auch für ausgedehnte Fahrrad- bzw. Mountainbike-Touren. Für den Strom sind 1 Euro pro 2 kWh und für Wasser 1 Euro pro 100 Liter am Platz zu zahlen. Der Preis wird am Kassenautomaten bezahlt, da der Platz nicht besetzt ist. Die Entsorgung vom Grauwasser und der Kassettentoilette sind möglich.

STELLPLÄTZE: 12
PREIS: 6 EUR/NACHT

BADEN-WÜRTTEMBERG

WOMOPARK ORTENAU IN MEISSENHEIM

Winkelstr. 36
77974 Meißenheim
Tel.: +49 7824 6649 670
http://www.womoparkortenau.de
info@junglas-design.de
GANZJÄHRIG

GPS: 48.415950 N/7.777380 E

Mitten im Grünen in ruhiger Lage befindet sich der WomoPark Ortenau in Meißenheim. Die großzügigen Stellplätze mit Schotter, Wiese und Rasen eignen sich dabei sowohl für einen Zwischenstopp als auch für einen Kurztrip. In der Nähe des Platzes gibt es einen kleinen Laden, indem man frische Brötchen sowie die wichtigsten Lebensmittel erhält. Ebenso ist eine Feuerstelle zum Grillen vorhanden. Ein Platzwart hält den Stellplatz in Ordnung. Der WomoPark Ortenau ist auch für große Wohnmobile gut geeignet.

Vom Wohnmobilstellplatz aus bieten sich zahlreiche Freizeitmöglichkeiten. Im Ortskern gibt es verschiedene Einkehrmöglichkeiten und es befinden sich in der Nähe ein Baggersee mit Sandstrand sowie der Rhein. Außerdem starten hier verschiedene Wander- und Radwege. Eine attraktive Radtour verläuft beispielsweise nach Straßburg. Auch der Europa Park Rust ist nur rund 20 km entfernt. Nach einem abwechslungsreichen Tag kann der Abend gemütlich am Lagerfeuer des WomoParks ausklingen. Entsorgung ist im Übernachtungspreis enthalten. Hunde sind erlaubt. Strom: 1 Euro/ 1,5 kWh, Wasser 1 €/ 100 L.

STELLPLÄTZE: 24
PREIS: 10 EUR/NACHT

WOHNMOBILSTELLPLATZ LOCHMÜHLE IN EIGELTINGEN

AM BAUERNHOF

Hinterdorfstraße 44
78253 Eigeltingen
Tel.: +49 7774 0939 30
https://www.erlebnisgastronomie.de
info@erlebnisgastronomie.de
GANZJÄHRIG

GPS: 47.8645756 N/8.892775 E

Camping auf dem Bauernhof: Mit dem kostenfreien Wohnmobilstellplatz Lochmühle in Eigeltingen ist das möglich. Der Platz, auf dem 12 Stellplätze vorhanden sind, befindet sich auf einem Bauernhof, der eine Gaststätte und ein Hotel beherbergt. Morgens mit den Hühnern aufstehen und den Blick auf die Weide mit den Kühen genießen: Das ist Campingurlaub auf dem Bauernhof! Dabei kann es schon einmal vorkommen, dass Alpakas, Pfaue oder Schafe zu Besuch vorbeischauen. Der Schimmelsheider Park und eine Kletterhalle sind nur wenige Gehminuten entfernt.

Der asphaltierte Untergrund des Stellplatzes ist relativ ebenerdig, sodass ein angenehmes Camping stattfinden kann. Die Einkehr ist obligatorisch, dafür gibt es neben WLAN eine Dusche und ein WC. Bis zu 7 Nächte inklusive Hund sind erlaubt. Für Strom sind einmalig 5 Euro zu zahlen. Das Geld ist in der Gaststätte zu entrichten. Ein Hinweis: Der Platz ist nicht überwacht, aber gut einzusehen.

STELLPLÄTZE: 12
PREIS: KOSTENLOS

BADEN-WÜRTTEMBERG

REISEMOBILPARK TURM UND KRISTALLE IN DIETINGEN

Fronstraße 7
78661 Dietingen
Mobil: +49 157 8079 7811
https://reisemobilpark-turm-und-kristalle.de
info@rmp-tuk.de
GANZJÄHRIG

GPS: 48.200450 N/8.646070 E

Mitten im Grünen befindet sich der Wohnmobilstellplatz Reisemobilpark „Turm und Kristalle", der direkt am Waldrand von Dietingen liegt. Das eingezäunte Wildschweingehege ist nicht weit entfernt und lädt zu einem gemütlichen Spaziergang auf den gut ausgeschilderten Rad- und Wanderwegen ein. In die andere Richtung führt ein Fußweg direkt in die Innenstadt von Dietingen, wo es viele Einkaufsmöglichkeiten gibt. Eine Bushaltestelle ist am Platz vorhanden. Die Altstadt mit ihren schönen Häusern, die Museen und der Tierpark in der Nähe bieten ein abwechslungsreiches Programm an.

Der überwiegend ebenerdige Untergrund bietet Platz für alle Camper an, wobei es allerdings keinen Schatten gibt. Hunde sollten im Naturschutzgebiet an die Leine genommen werden und sind auf dem Platz willkommen. Der Preis für Hunde ist im Übernachtungspaket enthalten. Eine Entsorgung von Grauwasser und des Chemie-WCs ist möglich. Für Strom fallen 50 Cent pro kWh und 1 Euro pro 100 Liter Wasser an. Das Geld ist beim Betreiber zu bezahlen, der eine Anreise von 1 bis 24 Uhr nachts garantiert. Noch zwei Hinweise: Der Platz hat WLAN und er ist videoüberwacht.

STELLPLÄTZE: 48
PREIS: 10 EUR/NACHT

STELLPLATZ AM NATURERLEBNISBAD IN MURG

AM FREIBAD

Am Freibad
79730 Murg
Tel.: +49 7763 9300
www.murg.de
post@gemeinde-murg.de
GANZJÄHRIG

GPS: 47.552630 N/8.024000 E

In herrlich ruhiger Lage und direkt neben dem Naturerlebnisbad Murg liegt dieser gepflegte und ganzjährig nutzbare Stellplatz für insgesamt 15 Wohnmobile. Er ist auch für größere Fahrzeuge sehr gut geeignet ist. In unmittelbarer Nähe befinden sich außerdem der Rheinradweg bzw. der Rhein. Die Schotterplätze sind markiert und sind großteils auf ebenem Untergrund. Zudem steht den Gästen hier auch gratis WLAN zur Verfügung. Hat das Freibad geöffnet, kann man dort auch die Dusche bzw. das WC benutzen.

Einkaufsmöglichkeiten sind innerhalb weniger Minuten zu Fuß zu erreichen, außerdem können Interessierte in der Umgebung auch die Burgruine oder das ZechenwihlerHotzenhaus besuchen bzw. den Murgtalpfad erkunden oder den Rhein entlang radeln. Ein besonderer Tipp: Eine Fahrt mit dem Planwagen unternehmen, um auf diese Weise die traumhafte Natur des Murgtals kennenzulernen.
Im Preis sind Hunde inbegriffen, Strom: 50 Cent/kWh, Wasser: 1 Euro pro 100 Liter.

STELLPLÄTZE: 15
PREIS: 10 EUR/NACHT

WOHNMOBILSTELLPLATZ ALPENBLICK IN HORGENZELL

Alpenblick 15
88263 Horgenzell
Tel.: +49 7504 9701 0
www.horgenzell.de
info@horgenzell.de
GANZJÄHRIG

GPS: 47.8036809 N/9.4946604 E

Der sehr gepflegte und gebührenfreie Wohnmobilstellplatz Alpenblick ist am Ortsende von Horgenzell zu finden und bietet Platz für insgesamt sechs Wohnmobile. Zudem verfügt der Stellplatz über Strom und Frischwasser und die Entsorgung von Grauwasser ist ebenfalls möglich. Zu beachten ist, dass es keine Sanitäranlagen und kein WLAN gibt. Der Stellplatz wird nicht bewacht.

Die Ortschaft Horgenzell kann gut zu Fuß erreicht werden. Dort gibt es unter anderem einen Supermarkt, einen Metzger und einen Bäcker. Der Stellplatz ist sehr ruhig gelegen und eignet sich bestens für ausgiebige Spaziergänge oder Radtouren in der näheren Umgebung. Die kleinen Gäste können sich am Spielplatz austoben. Außerdem kann man einen Abstecher zum Hasenweiler See machen, wo es einen sogenannten „Dirtpark", einen Bikepark mit Steilkurven, Hindernissen und Rampen gibt.

STELLPLÄTZE: 6
PREIS: KOSTENLOS

BADEN-WÜRTTEMBERG

WOHNMOBILSTELLPLATZ AN DER SONNENHOF-THERME IN BAD SAULGAU

AM THERMALBAD

Am Schönen Moos 1
88348 Bad Saulgau
Tel.: +49 7581 4839 0
https://www.bad-saulgau.de/sonnenhof
info@sonnenhof-therme.de
GANZJÄHRIG

GPS: 48.016800 N/9.488500 E

Wer auf der Suche nach dem Rundum-Paket fürs Campen im schönen Baden-Württemberg ist, ist mit dem Wohnmobilstellplatz in Bad Saulgau bestens beraten. Die Sonnenhof-Therme befindet sich gleich nebenan, die mit Sauna, Thermalbad und Massagen zum Entspannen beiträgt. Das Wellness-Programm ist perfekt, um sich im Campingurlaub zu erholen. Darüber hinaus ist eine ÖPNV-Haltestelle vor Ort, die ins Stadtzentrum führt. Ein kurzer Fußmarsch ist eine Alternative, um die pittoreske Stadt zu entdecken. Die Altstadt, die Kreuzkapelle mit ihrem bekannten Großkreuz und das Hummelmuseum gehören zu den schönsten Sehenswürdigkeiten. Der Besuch des Klosters Sießen ist für einen Tagesausflug perfekt.

Der Platz ist mit seinen 53 Stellplätzen recht groß und hat vieles im Angebot. So ist eine Reservierung vor der Anreise möglich.Der barrierefreie Platz ist auch nachts gut beleuchtet und nahezu ebenerdig Es gibt Strom für 50 Cent pro kWh und 50 Cent pro 50 Liter. Das Geld ist an der Thermalbadkasse zu entrichten. Ein Hinweis: Zum Stellplatzpreis von 10,50 Euro pro Übernachtung fallen weitere 1,50 Euro Kurtaxe pro Person ab 18 Jahren an.

STELLPLÄTZE: 53
PREIS: 10,50 EUR/NACHT **NEU 06/22:** 11 EUR/NACHT

WOHNMOBILSTELLPLATZ AN THERME FEELMOOR IN BAD WURZACH

AM THERMALBAD

An der Thermalquelle 1
88410 Bad Wurzach
Tel.: +49 7564 3042 301
https://www.feelmoor.de/wohnmobil
info@stellplatz-bad-wurzach.de
GANZJÄHRIG

GPS: 47.914780 N/9.903850 E

Der Wohnmobilstellplatz an der Vitalium-Therme in Würzig gleicht einer grünen Oase. Der Platz hat eine große Fläche, die zum Teil mit Asphalt ausgelegt ist. Das macht den Boden schön ebenerdig und standfest. Rundherum gibt es Rasen, der saftig grün leuchtet. Der Blick auf die Wälder und das Tal ist atemberaubend schön und trägt zur Erholung bei. Das Gebiet ist eine natürliche Moorlandschaft, die auf dem ausgewiesenen Rad- und Wanderweg einen Blick auf den See ermöglicht. Ein anderer Fußweg führt nach wenigen Gehminuten ins Zentrum hinein. Zudem gibt es eine Bushaltestelle direkt am Platz. Das Kloster Maria Rosengarten, das Schloss und die Vitalium-Therme sind weitere Attraktionen.

Der Platz ist barrierefrei gestaltet und gut beleuchtet. Hunde sind willkommen und im Übernachtungspreis enthalten. Pro Nacht fallen 5,50 Euro an. Hinzu kommt eine Kurtaxe für jeden Erwachsenen von 2 Euro. Für Frisch- und Abwasser ist ein Münzbetrieb zu bezahlen von je 50 Cent. Ein Tipp: Um die Therme mit Sauna zu nutzen und gleichzeitig Geld zu sparen, ist der Sondertarif mit zwei Übernachtungen und einem Tageseintritt von 43,50 Euro zu empfehlen!

STELLPLÄTZE: 17
PREIS: 5 EUR/NACHT

WOHNMOBILSTELLPLATZ AN DER SOLYMAR THERME IN BAD MERGENTHEIM

AM THERMALBAD

Arkau 1
97980 Bad Mergentheim
Tel.: +49 7931 5748 15
https://www.bad-mergentheim.de
tourismus@bad-mergentheim.de
GANZJÄHRIG

GPS: 49.4915979 N/9.7923815 E

Camping und Wellness müssen sich nicht ausschließen: Auf dem Wohnmobilstellplatz an der Solymar Therme in Bad Mergentheim finden Campingurlauber Ruhe und Entspannung. Nach einem vergnüglichen Besuch in der Therme ist ein gemütlicher Spaziergang entlang der ausgeschilderten Rad- und Wanderwege sehr erholsam. In der Umgebung gibt es zahlreiche Aktivitäten wie zum Beispiel Minigolf, Tennis, Reiten oder Kanufahren. Für Kulturliebhaber kommen das Deutschordenschloss oder das Kapuzinerkloster infrage. Die historische Altstadt ist gut zu Fuß zu erreichen und bietet einen Wochenmarkt auf dem Marktplatz an. Die Marienkirche, die Martinskapelle und der Badepark Solymar sind nur wenige Gehminuten entfernt.

Der großflächige Platz hat 30 Stellplätze ohne Abtrennung, wobei nur wenig Schatten vorhanden ist. Nachts ist der Platz gut ausgeleuchtet. Der Boden ist ebenerdig und leicht mit Schotter ausgelegt. Eine Entsorgung vom Grauwasser und die Entleerung der Kassettentoilette sind machbar, allerdings im Winter nur beschränkt möglich. Hunde sind im Preis inklusive. Der Strom, der im Freibad zu bezahlen ist, kostet für 8 Stunden 1 Euro. Für 80 Liter Frischwasser fällt 1 Euro an. Die Kurtaxe beträgt 2,25 Euro.

STELLPLÄTZE: 30
PREIS: 5 EUR/NACHT

WOHNMOBILSTELLPLATZ AM FESTPLATZ IN TROSTBERG

Jahnstraße
83308 Trostberg
Tel.: +49 8621 8010
http://www.trostberg.de
info@trostberg.de
GANZJÄHRIG

GPS: 48.022036 N/12.546728 E

Der Stellplatz in Trostberg bietet genügend Platz für bis zu acht Wohnmobile, die nicht länger als acht Meter sind. Der Chiemsee mit seinen vielen Freizeitangeboten ist keine 15 Kilometer weit entfernt. Der Fluss Alz führt von Trostberg bis zum Chiemsee hinunter und macht das Naherholungsgebiet perfekt.

Der Stellplatz ist ganzjährig nutzbar. Der Untergrund ist ebenerdig und mit Rasengitter ausgelegt. Schatten ist leider kaum vorhanden. Das Zentrum ist gut zu Fuß zu erreichen. Dort angekommen ist die schöne Altstadt ein absolutes Highlight. Die vielen Einkaufsmöglichkeiten bieten sich für einen erholsamen Stadtbummel oder den Lebensmitteleinkauf an.

Das Frischwasser auf dem Stellplatz kostet einen Euro für 50 Liter und der Strom pro kWh. Hunde sind auf dem gesamten Platz erlaubt und sind ebenfalls ohne Kosten zu verbuchen. Ein Hinweis zum Schluss: Anfang September ist der Stellplatz wegen eines Stadtfestes gesperrt.

STELLPLÄTZE: 8
PREIS: KOSTENLOS

BAYERN

WOHNMOBILSTELLPLATZ AN DER ISAR IN BAD TÖLZ

AM FLUSS

Königsdorferstraße
83646 Bad Tölz
Tel.: +49 8041 7867 0
http://www.bad-toelz.de
info@bad-toelz.de
GANZJÄHRIG

GPS: 47.763050 N/11.549870 E

Der Wohnmobilstellplatz an der Isar in Bad Tölz befindet sich direkt am Ufer und ist der perfekte Ort, um sich vom Alltag zu erholen. Der Fluss bietet einen schönen Panoramablick und ist an seichten Stellen zum Planschen geeignet. Aber Achtung: Betreten des Flusses auf eigene Gefahr! Angeln ist an der Isar mit einem Angelschein möglich, doch die Angelkarten sind auf 450 pro Jahr begrenzt.

Das Stadtzentrum ist gut zu Fuß zu erreichen und eine Bushaltestelle ganz in der Nähe. Die historische Altstadt von Bad Tölz überzeugt mit der schönen Marktstraße, wo der Wochenmarkt stattfindet. Eine besondere Kunstform der Architektur ist die Lüftlmalerei, die an den Außenfassaden mancher Häuser zu finden ist. Die vielen Einzelhändler und Lebensmittelgeschäfte laden zum Shoppen und Einkaufen ein. Das Stadtmuseum und die ganzjährig geöffnete Rodelbahn sind weitere Highlights. Das Freizeitbad Alpamare, die Badeseen und die Golfanlage dienen der sportlichen Betätigung in Bad Tölz.

Auf dem ebenerdigen Stellplatz sind maximal zwei Übernachtungen erlaubt. Das Bezahlen der acht Euro ist am Parkscheinautomaten möglich. Hunde sind erlaubt. Frischwasser kostet 50 Cent je 80 Liter. Strom ist nicht vorhanden. Das Entleeren der Toilettenkassette ist möglich.

STELLPLÄTZE: 30
PREIS: 8 EUR/NACHT

WOHNMOBILSTELLPLATZ AM SYLVENSTEIN-STAUSEE IN LENGGRIES

AM SEE

Dürrachstraße 1
83661 Lenggries
Tel.: +49 8042 5018 0
http://www.lenggries.de
info@lenggries.de
GANZJÄHRIG

GPS: 47.571900 N/11.532130 E

Der Wohnmobilstellplatz am Sylvenstein-Stausee in Lenggries ist eine gute Lösung für Durchreisende. Der Stellplatz bietet eine Stellfläche mitten im Wald am Sylventsteinspeicher an und erlaubt eine maximale Aufenthaltsdauer von einer Nacht. Dafür ist der Platz umgeben von Natur und das ganze Jahr über nutzbar. Die vielen Bäume ringsherum geben dem Platz viel Schatten ab. Der Untergrund ist teilweise ebenerdig und mit Schotter aufgefüllt.
Die Nähe zum Sylvensteinspeicher ist ein weiterer Pluspunkt, den Urlauberinnen und Urlauber unbedingt nutzen sollten. Schöne Spaziergänge oder Wanderungen bis zum Karwendelgebirge sind möglich. Angeln ist in dem künstlich angelegten Speicher mit einem Angelschein erlaubt, in dem Hecht, Regenbogenforelle oder Renke gefangen werden können. Das Zentrum ist zu Fuß zu erreichen.

Der Stellplatz ist mit Picknickbänken und Mülleimern ausgestattet, die täglich in der Hauptsaison geleert werden. Für Frischwasser ist ein Preis von zwei Euro pro Tag fällig. Die Benutzung des WCs ist umsonst. Hunde sind erlaubt und im Entgelt enthalten, das am Parkscheinautomaten bezahlt wird. Die Entsorgung von Grauwasser und vom Chemie-WC sind gegen 2 Euro möglich.
Ein Hinweis: Das Ordnungsamt kontrolliert nahezu täglich, ob der bezahlte Parkschein richtig in der Windschutzscheibe angebracht ist! Andernfalls fallen weitere Gebühren an.

STELLPLÄTZE: 20
PREIS: 10 EUR/NACHT

WOHNMOBILSTELLPLATZ GRIESSTRASSE IN ALTÖTTING

Griesstraße
84503 Altötting
Tel.: +49 8671 5062 19
http://www.altoetting.de
touristinfo@altoetting.de
GANZJÄHRIG

GPS: 48.229470 N/12.674950 E

Der gebührenfreie Wohnmobilstellplatz Griesstraße in Altötting bietet Platz für bis zu acht Wohnmobile bis acht Meter an. Der Stellplatz liegt im Stadtzentrum, sodass viele Einkaufsmöglichkeiten vorhanden sind. Ein Tipp: Der Fußweg zum Kapellenplatz ist gut beschildert und in fünf Minuten ist die Innenstadt erreicht. Die Gnadenkapelle ist ein Highlight der Stadt Altötting, die als Marienwallfahrtsort der Schwarzen Madonna im Oktogon bekannt ist. Selbst Papst Benedikt XIV. sprach sich einst für den Wallfahrtsort aus. Für Jung und Alt kommt das nahe gelegene Freizeitbad infrage, das mit Wasserrutschen und vielen Schwimmbecken punktet.

Der Stellplatz ist mit Rasengitter ausgelegt, sodass die Fahrzeuge ebenerdig parken. Schatten ist durch die hohen Bäume gegeben. Hunde sind auf dem Platz erlaubt. Drei Übernachtungen sind maximal möglich. Strom kostet 1 Euro, der für vier Stunden reicht. Frischwasser und die Entsorgung von Grauwasser und die Entleerung des Chemie-WCs sind kostenfrei. Achtung: Das Navi führt nicht direkt zum Stellplatz, sondern zum nahe gelegenen Parkplatz des örtlichen Krankenhauses! Am besten ist es, den Schildern zu folgen.

STELLPLÄTZE: 8
PREIS: KOSTENLOS

WOHNMOBILSTELLPLATZ AM GASTHAUS KIEFERING IN TÜSSLING

AM BAUERNHOF

Kiefering 40
84577 Tüßling
Tel.: +49 8633 7142
http://www.gasthaus-kiefering.de
info@gasthaus-kiefering.de
GANZJÄHRIG

GPS: 48.194830 N/12.628010 E

Camping auf dem Bauernhof: Mehr Idylle geht nicht. Auf dem Bauernhof mit der Gaststätte Kiefering in Tüßling ist dieser einzigartige Campingurlaub möglich. Da es kein WLAN gibt, ist die Abgeschiedenheit perfekt für Urlauber, die völlige Ruhe suchen und genießen wollen. Die Gaststätte verköstigt gerne ihre Gäste und beweist das mit einer reichhaltigen Speise- und Getränkekarte. Ein Brötchenservice für ein genüssliches Frühstück am nächsten Tag ist gegeben. Das macht das Camping auf dem Bauernhof zu einem erholsamen Urlaub. Ein Besuch der Altstadt ist ideal: Dafür sind etwa 15 Gehminuten einzuplanen.

Der Untergrund ist fest und mit Schotter ausgelegt. Allerdings gibt es wenig Schatten auf dem Gelände. Eine Dusche und ein WC sind vorhanden. Die Entleerung von Grauwasser ist möglich. Ein Hinweis: Um eine rechtzeitige Reservierung wird gebeten, um planungssicher zu sein. Frischwasser und Strom kosten pro Tag 1,50 Euro. Das Geld für die Übernachtungen samt Frischwasser und Stromanschluss sind in der Gaststätte zu entrichten. Hunde sind im Übrigen erlaubt und im Preis inklusive.

STELLPLÄTZE: 10
PREIS: 8 EUR/NACHT

WOHNMOBILSTELLPLATZ AM SEE-CAMPING GÜNZTAL IN BREITENTHAL

AM SEE

Oberrieder Weiherstr. 11
86488 Breitenthal
Tel.: +49 8282 8818 70
http://www.see-camping-guenztal.de
info@see-camping-guenztal.de
MITTE APRIL BIS MITTE OKTOBER

GPS: 48.225150 N/10.291800 E

Mitten im Grünen und direkt am See: Auf dem Wohnmobilstellplatz See-Camping Günztal in Breitenthal ist das alles zu finden. Die grüne Natur bietet viel Ruhe zum Entspannen an. Der Stellplatz ist ebenerdig auf Rasen und barrierefrei gestaltet. Kostenpflichtiges WLAN ist zwar vorhanden, doch die Schönheit der Natur punktet mehr als das Internet. In den sauberen Sanitäranlagen befinden sich Waschmaschinen und Wäschetrockner, die kostenlos genutzt werden können.

Hunde sind auf dem Platz erlaubt und im Preis von 8 Euro pro Nacht inbegriffen. Strom und Frischwasser sind vorhanden. Für Strom zahlen Gäste 4 Euro am Tag. Für Frischwasser kommen zwei Euro für 100 Liter hinzu und für die Entsorgung von Grauwasser oder vom Chemie-WC fallen ebenfalls zwei Euro an. Für die gesamte Benutzung des WCs sind 2.50 Euro einmalig beim Betreiber vor Ort zu zahlen. Reservierungen sind nicht möglich. Es sind bis zu 14 Übernachtungen erlaubt.

STELLPLÄTZE: 15
PREIS: 8 EUR/NACHT

STELLPLATZ BEI DER STADTHALLE MONHEIM

Schulstr. 2
86653 Monheim
Tel.: +49 9091 9091 51
http://monheimer-alb.de
info@monheimer-alb.de
GANZJÄHRIG

GPS: 48.845320 N/10.854440 E

Im Dreiländereck zwischen Franken, Schwaben und Altbayern befindet sich der Stellplatz bei der Stadthalle Monheim. Die sechs Stellplätze sind großzügig geschnitten, sodass sie auch für große Wohnmobile oder Wohnmobile mit Anhänger geeignet sind. Der Platz ist barrierefrei, beleuchtet, auf befestigtem Untergrund und zentral gelegen. Eine öffentliche Toilette befindet sich neben dem Rathaus. Bäcker und Geschäfte des täglichen Bedarfs sind zu Fuß erreichbar. Ein ehrenamtlicher Platzwart schaut regelmäßig, ob alles in Ordnung ist.

Der Stellplatz ist rund 400 Meter vom Stadtzentrum entfernt, hier gibt es verschiedene Einkaufs- und Einkehrmöglichkeiten. Auch das Freibad und das Hallenbad sind nur wenige Gehminuten entfernt. In der Umgebung gibt es Sehenswürdigkeiten wie Kirchen, Klöster, Schlösser und Burgen. Die Natur lässt sich auf diversen Wander- und Radtouren sowie auf Wald- und Naturlehrpfaden entdecken. Entsorgung, WLAN und Hunde sind im Übernachtungspreis enthalten. Strom: 1 €/ 10 Stunden, Wasser 1 € / 100 L.

STELLPLÄTZE: 6
PREIS: KOSTENLOS

BAYERN

WOHNMOBILSTELLPLATZ WAITZINGER WIESE IN LANDSBERG AM LECH

Gottesackerangerweg 1
86899 Landsberg am Lech
Tel.: +49 8191 9478 27
http://www.stw-landsberg.de
info@stw-landsberg.de
GANZJÄHRIG

GPS: 48.055260 N/10.873300 E

Der Wohnmobilstellplatz Waitzinger Wiese in Landsberg befindet sich direkt am Lech. Die grüne Wiese lädt zum Entspannen und Verweilen ein. Der Fußweg zum nächsten Supermarkt ist zum Glück nicht weit, denn der Platz bietet keinen Brötchenservice. Darüber hinaus ist er nicht bewacht. Dafür punktet er mit einer wunderschönen Aussicht und einem ebenerdigen Stellplatz mit Rasengitter auf einem geteerten Parkplatz.

Rund um den Stellplatz sind viele Unternehmungen möglich, die einen Campingurlaub versüßen. Wie wäre es zum Beispiel mit einem Spaziergang durch die historische Altstadt? Auf dem Weg liegen einige Kirchbauten, die Stadtmauer sowie der Lechpark mit Kneippbad. Für Naturfreunde kommt die Teufelsküchenschlucht oder das Wildgehege infrage. Die kleinen Camper toben sich auf dem nahe gelegenen Wasserspielplatz aus.

Ein Hinweis: Es ist keine Reservierung möglich! Zudem ist die Entleerung der Toilettenkassette nicht möglich. Strom kostet einen Euro für sechs Stunden, Frischwasser einen Euro für 80 Liter und ein WC-Gang 50 Cent. Hunde sind im Preis inbegriffen.

STELLPLÄTZE: 8
PREIS: 6 EUR/NACHT

BAYERN

STELLPLATZ AM SCHLOSSBERG IN MARKTOBERDORF

Kurfürstenstr. 19
87616 Marktoberdorf
Tel.: +49 8342 4008 45
http://www.touristik-marktoberdorf.de
touristik@marktoberdorf.de
GANZJÄHRIG

GPS: 47.779670 N/10.624140 E

Der Stellplatz am Schlossberg in Marktoberdorf liegt ruhig und dennoch zentrumsnah. Der Platz ist auch für Wohnmobile mit einer Länge über acht Meter ausgerichtet. Das Zentrum ist zu Fuß erreichbar. Hier findet man verschiedene Geschäfte für den täglichen Bedarf. Am Stellplatz liegen außerdem hilfreiche Flyer mit Stadtplan und Sehenswürdigkeiten aus. Über die Roadsurfer-Plattform sieht man die Verfügbarkeit der Stellplätze und kann einen freien Platz direkt online reservieren. Wichtiger Hinweis: Im Winter wird das Wasser witterungsbedingt abgestellt.

In nur wenigen Minuten ist man vom Stellplatz aus im Grünen, beispielsweise in der Lindenallee mit einem über 200 Jahre alten Baumbestand. Auf zahlreichen weiteren Wander- und Radwegen lässt sich die Natur erkunden und gibt immer wieder Ausblicke auf das herrliche Bergpanorama. Direkt hinter dem Stellplatz befinden sich außerdem das Schloss und die St. Martins Kirche. Zum Marktplatz mit Einkaufs- und Einkehrmöglichkeiten sind es circa fünf Gehminuten, hier findet Freitagvormittag auch der Wochenmarkt statt. Entsorgung vor Ort, Hunde erlaubt. Strom: 1 €/ kWh, Wasser 1 € /50 L.

STELLPLÄTZE: 4
PREIS: KOSTENLOS

WOHNMOBILSTELLPLATZ AM LGS-GELÄNDE IN MEMMINGEN

Colmarer Straße / Hemmerlestraße
87700 Memmingen
Tel.: +49 8331 850 - 173
http://www.tourismus-memmingen.de
info@memmingen.de
GANZJÄHRIG

GPS: 47.995470 N/10.182920 E

Im Stadtpark Neue Welt liegt der Wohnmobilstellplatz in Memmingen im Grünen und dennoch nah an der Altstadt. Die Stellplätze sind groß und breit, sodass auch größere Wohnmobile einen Platz finden. Im anliegenden Stadtpark befindet sich ein WC, das zu den gastronomischen Öffnungszeiten des Biergartens geöffnet ist. Bäckerei und Supermarkt sind ebenfalls nur fünf Minuten entfernt. Die maximale Parkdauer beträgt zwei Tage. Memmingen hat einen direkten Anschluss zu den Autobahnen A7 und A96 und eignet sich daher bestens für einen Zwischenstopp.

In 10 Minuten zu Fuß durch den Stadtpark Neue Welt erreicht man bequem die Stadtmauer mit der Altstadt Memmingens. Hier lassen sich zahlreiche Sehenswürdigkeiten wie die Kirche Sankt Martin oder das Siebendächerhaus besichtigen. Dazu gibt es Einkaufsmöglichkeiten sowie Cafés und Restaurants. Wanderungen oder Radtouren im Umland von Memmingen sind ebenfalls möglich. Der Stadtpark ist ein ehemaliges Landesgartenschaugelände und bietet verschiedene Freizeiteinrichtungen wie Biergarten, Spielplatz, Kneippstellen und eine Wakeboardanlage. Entsorgung und Hunde sind im Übernachtungspreis enthalten. Strom: 50 Cent/ 4 kWh, Wasser 50 Cent / 100 L.

STELLPLÄTZE: 18
PREIS: 7 EUR/NACHT

STELLPLATZ SEEZENTRUM HEUBERG AM ROTHSEE IN HILPOLTSTEIN

AM SEE

Am Rothsee
91161 Hilpoltstein
Tel.: +49 9171 8131 0
http://www.rothsee.de
info@rothsee.de
APRIL BIS OKTOBER

GPS: 49.209000 N/11.187500 E

Im fränkischen Seenland am Ortsrand von Heuberg befindet sich der saubere und gepflegte Campingplatz am Rothsee. Der Stellplatz bietet einzelne Parzellen mit grüner Abtrennung an, die einen gewissen Sichtschutz liefert. Der ebenerdige Stellplatz ist mit Schotter ausgelegt und ist großflächig angelegt, sodass auch Wohnwagen und Wohnmobile mit einer Länge von bis zu acht Metern Platz finden. Der teils schattige Stellplatz hat einen schönen Ausblick zu bieten. Die Bushaltestelle führt nach Heuberg hinein, wo eine historische Altstadt mit alten Fachwerkhäusern wartet. Das Stadtzentrum erreichen die Camper in wenigen Minuten zu Fuß. Die Burgruine, das Museum am See und der Waldrand sind interessante Ausflugsziele. Gut zu wissen: Für Familien mit Kindern kommen der Badestrand und die Minigolfanlage infrage, um im Campingurlaub etwas Spannendes zu unternehmen. Die gut ausgebauten Radwege dienen der Erholung in der freien Natur.

Pro Nacht kommen 8 Euro für den Stellplatz zusammen: Zusätzlich sind 50 Cent pro kWh fällig. Für Frischwasser, für die Entleerung vom Chemie-WC und Grauwasser sowie für die Dusche und für das WC entstehen keine Kosten. Hunde sind erlaubt und im Preis enthalten, der am Parkscheinautomaten zu entrichten ist.

STELLPLÄTZE: 46
PREIS: 8 EUR/NACHT

STELLPLATZ MÜNSTERBLICK IN WOLFSRAM-ESCHENBACH

Waizendorfer Str.
91639 Wolframs-Eschenbach
Tel.: +49 9875 9755 32
https://www.wolframs-eschenbach.de
kulturamt@wolframs-eschenbach.de
GANZJÄHRIG

GPS: 49.2258562 N/10.7198865 E

Ein schöner Panoramablick, ein Bach in der Nähe und ein gepflegter Stellplatz für Wohnmobile mit bis zu acht Metern Länge: Was gibt es Besseres für einen Camper? Der Stellplatz in Wolfsram-Eschenbach ist ein wahrer Geheimtipp, der bis zu 24 Stellplätze mit grünflächiger Abtrennung auf glatter Ebene auf Schotter anbietet. Der Zugang zu den Stellplätzen ist geteert und modernisiert. Der Blick auf das Tal, die fußläufige historische Altstadt und der Fußweg zum Bach sorgen für echte Erholung.

Am Ortsrand gelegen ist dieser Stellplatz, der gerade einmal sechs Euro die Nacht pro Fahrzeug kostet. Das Geld ist täglich am Parkscheinautomaten zu entrichten und es sind bis zu sieben Nächte möglich. Wichtig zu wissen: Hunde sind auf dem ganzjährig geöffneten Platz erlaubt und im Preis inbegriffen. Für weiteren Komfort sorgen die Dusche, das WC, die Entsorgung von Grauwasser und dem Chemie-WC sowie das frische Wasser. Für den Duschgang ist ein Euro fällig, für Frischwasser bis 80 Liter ein Euro, für den WC-Gang 50 Cent und für Strom pro kWh ebenfalls 1 Euro.

STELLPLÄTZE: 24
PREIS: 6 EUR/NACHT

WOHNMOBILSTELLPLATZ LANDGASTHOF EURINGER IN BEILNGRIES

AN DER GASTSTÄTTE

Dorfstraße 28
92339 Beilngries
Tel.: +49 8461 6510
www.landgasthof-euringer.de
willkommen@landgasthof-euringer.de
APRIL BIS OKTOBER

GPS: 49.010670 N/11.502560 E

Der Platz am Ortsrand von Paulushofen ist für Kulturliebhaber der optimale Ausgangspunkt für Ausflüge in den nahe gelegenen Ort Beilngries. Beilngries ist ein historischer Ort, gelegen an den Flüssen Sulz und Altmühl. Die malerische Altstadt verfügt über alte, gute erhaltene Wehranlagen aus dem Mittelalter und über zwei bekannte Kirchen aus der Barockzeit und dem Mittelalter, die von vielen interessierten Touristen geschätzt werden. Wer den Platz als Zwischenübernachtungsmöglichkeit nutzen möchte, da er unweit der A9 liegt, ist hier ebenfalls bestens aufgehoben und kann sich durch den Koch des angrenzenden Gasthauses verwöhnen lassen. Eine Einkehr ist obligatorisch.

Der Platz ist unbefestigt und daher für größere Wohnmobile ungeeignet. Da es keine sanitären Anlagen und eine Versorgung mit Frischwasser nicht möglich ist, können nur autarke Mobile den Platz nutzen. Auch eine Entsorgungsmöglichkeit für Grauwasser oder die Chemietoilette ist nicht gegeben. Wer aber Strom haben möchte, kann diesen auf dem Platz bekommen. Hunde sind hier ebenfalls herzlich willkommen.

STELLPLÄTZE: 5
PREIS: KOSTENLOS

BAYERN

WOHNMOBILSTELLPLATZ IM FREIZEITPARK SOLLA IN FREYUNG

AM FREIZEITPARK

Solla 2a
94078 Freyung
Tel.: +49 8551 5881 50
http://www.freyung.de
touristinfo@freyung.de
GANZJÄHRIG

GPS: 48.801100 N/13.541600 E

Am Ortsrand von Freyung befindet sich der Wohnmobilstellplatz im Freizeitpark Solla. Die Eissporthalle ist in unmittelbarer Nähe, die in der Wintersaison für viel Spaß sorgt. Neben der Halle ist ein kleiner Skihang mit Lift. Ansonsten bietet der Park viel Interessantes für Groß und Klein wie etwa einen Spielplatz und ein beheiztes Freizeitbad, das nur 500 Meter vom Stellplatz entfernt liegt. Das Geotop Buchberger Leite und der Goldene Steg gehören für Naturfreunde zum Campingurlaub dazu. Das Schloss Wolfstein und das Heimatmuseum sind für Familien und Kulturinteressierte sehr zu empfehlen. Die ausgewiesenen Rad- und Wanderwege machen die Gegend zum echten Urlaubsparadies. Die frische Luft und die Bewegung sorgen für einen entspannten Campingurlaub.

Der Stellplatz ist teils ebenerdig und teils schattig. Das Rasengitter ist auf allen Stellflächen vorhanden. WLAN ist im Übernachtungspreis von acht Euro inklusive. Hunde sind willkommen. Für Frischwasser zahlen Gäste einen Euro für 50 Liter und 50 Cent je kWh an Strom. Die Entsorgung der Toilettenkassette ist im Preis enthalten. Ein Hinweis: Geschäfte stehen nicht in unmittelbarer Nähe zur Verfügung. Darum ist es zu empfehlen, im nächsten Ort einen Großeinkauf an Lebensmittel zu tätigen.

STELLPLÄTZE: 46
PREIS: 8 EUR/NACHT

WOHNMOBILSTELLPLATZ AM FRIEDHOF IN PERLESREUT

Friedhofstraße 3a
94157 Perlesreut
Tel.: +49 8555 96190
www.perlesreut.de
info@perlesreut.de
GANZJÄHRIG

GPS: 48.7792 N/13.4409 E

Mit toller Sicht auf den bayrischen Wald, ist dieser kostenfreie Stellplatz der ideale Ausgangspunkt für Rad- und Wandertouren durch die bayrische Landschaft. Die bekannten Fernwanderwege Pandurensteig und Goldsteig, welche in das verträumte Ilztal führen, sind problemlos zu erreichen. Das Zentrum des kleinen Ortes Perlesreut ist nur sieben Minuten zu Fuß entfernt gelegen und bietet die nötigen Einkaufsmöglichkeiten. Der staatlich anerkannte Erholungsort erwartet die Urlauber außerdem mit einem beheizten Freibad sowie einer Tennis- und Reitmöglichkeit. Auch Wassersportarten, wie Kanufahrten sind auf der Ilz möglich.

Der Stellplatz ist überwiegend eben und verfügt über größtenteils schattige Plätze. WLAN ist vorhanden und Strom kann günstig erworben werden. Die Entsorgung von Grauwasser und Chemietoilette ist ebenfalls möglich und das Frischwasser kann für 0,1 € für 10 Minuten aufgefüllt werden. Eine Duschmöglichkeit ist nicht gegeben, die öffentliche Toilette am Platz kann selbstverständlich genutzt werden. Hunde sind hier herzlich willkommen.

STELLPLÄTZE: 4
PREIS: KOSTENLOS

BAYERN

WOHNMOBILSTELLPLATZ AM KUR-ERLEBNISPARK IN GRAFENAU

AM FREIZEITPARK

Freyunger Straße
94481 Grafenau
Tel.: +49 8552 9623 43
www.grafenau.de
tourismus@grafenau.de
GANZJÄHRIG

GPS: 48.854750 N/13.403407 E

Am BÄREAL Erlebnispark gelegen, bietet dieser Stellplatz Abwechslung und Spaß für die ganze Familie. Besonders die Kleinsten können sich auf dem Abenteuerspielplatz, einer Kletterinsel und in einem Wasserspielbereich erfreuen. Aber auch ältere Urlauber kommen voll auf ihre Kosten. Vielfältige Möglichkeiten werden geboten, durch das Erlebnisfreibad, eine Kneipp-Anlage oder Minigolf. Wer kulturell interessiert ist, kann der Pfarrkirche oder dem Stadtmuseum von Grafenau einen Besuch abstatten, diese sind problemlos zu Fuß zu erreichen. Dennoch ist auch die Anbindung an den ÖPNV in der Nähe.

Das ausgewiesene Areal mit Rasengittersteinen, welches sich an einem Bach befindet, ist gut beleuchtet und mit einem Parkscheinautomaten ausgestattet, an dem die Gebühren zu entrichten sind. WLAN und Hunde sind bereits im Preis mit enthalten, ebenso wie die Entsorgung von Grauwasser und der Chemietoilette. Frischwasser kann für 0,1 € für 10 Liter erworben werden. Sanitäre Anlagen bietet dieser Platz nicht, daher können nur autarke Wohnmobile hier stehen. Wichtig zu wissen: Am 26. Juni und 07. Juli ist der Platz aufgrund eines Volksfestes geschlossen. Kurtaxe 1,95 € für Erwachsene.

STELLPLÄTZE: 18
PREIS: 10 EUR/NACHT

WOHNMOBILSTELLPLATZ AM RATHAUS IN ALDERSBACH

Klosterplatz 2
94501 Aldersbach
Tel.: +49 8543 9610 0
http://www.aldersbach.de
info@aldersbach.de
GANZJÄHRIG

GPS: 48.588780 N/13.085630

Die Gemeinde Aldersbach führt einen kostenlosen Wohnmobilstellplatz gegenüber des Rathauses. Der Besuch der schönen Altstadt mit der Marienkirche Aldersbach ist absolut empfehlenswert. Für einen längeren Aufenthalt lohnt es sich, die Brauerei zu besichtigen. Sie beherbergt ein Museum.

Der Stellplatz befindet sich an einem Parkplatz, auf dem auch PKWs parken dürfen. Der Parkplatz ist mit drei Plätzen für Wohnmobile angelegt und bietet Frischwasser für nur einen Euro am Tag und Strom für einen Euro für zwei kWh an. Hunde sind auf dem Platz willkommen und ebenfalls gebührenfrei. Die Entsorgung von Grauwasser ist ganzjährig möglich: Das gilt auch für die Entleerung von Toilettenkassetten dank einer Sani-Station. Obacht: Dafür ist ein eigener Schlauch nötig! WLAN wird von der Stadt kostenlos zur Verfügung gestellt. Ein Tipp: Der Imbissstand am Platz versorgt die Camper nahezu täglich mit frischen Leckereien. Eine Bäckerei, ein Metzger und ein Restaurant befinden sich in unmittelbarer Nähe.

STELLPLÄTZE: 3
PREIS: KOSTENLOS

BAYERN

WOHNMOBILSTELLPLATZ DÖBRABERG IN SCHWARZENBACH AM WALD

Schützenstraße
95131 Schwarzenbach am Wald
Tel.: +49 9289 5043
http://www.schwarzenbach-wald.de
tourismus@schwarzenbach-wald.de
GANZJÄHRIG

GPS: 50.281900 N/11.625700 E

Der Wohnmobilstellplatz Döbraberg in Schwarzenbach liegt direkt am Wald und ist zur Naherholung geeignet. Eine Bushaltestelle ist direkt am Platz, doch auch zu Fuß ist das Stadtzentrum schnell erreicht. Ein Tipp: Der Skulpturenweg in der Nähe lädt zum gemütlichen Spaziergang mit interessanten Holzfiguren ein. Das Rotwildgehege in Poppengrün liegt wenige Autominuten entfernt.

Der Stellplatz ist gebührenfrei und liegt an einer Sportstätte. Der asphaltierte Weg und die Stellfläche mit Rasengitter sind ebenerdig, sodass es für die Übernachtung im Wohnmobil keine Probleme gibt. Schatten ist teilweise vorhanden, was besonders in der Hauptsaison wichtig ist. Grillen ist an der ausgewiesenen Grillstätte erlaubt. Hunde sind auf dem Platz willkommen. Frischwasser, Strom und die Entleerung vom Chemie-WC und der Entsorgung von Grauwasser sind möglich. Für Strom kommen 1 Euro für vier Stunden und für Frischwasser 1 Euro für fünf Minuten zusammen. Für das Grauwasser ist 1 Euro fällig.

STELLPLÄTZE: 6
PREIS: KOSTENLOS

BAYERN

WOHNMOBILSTELLPLATZ AM ANGER IN LEUPOLDSGRÜN

Hauptstraße 48
95191 Leupoldsgrün
Tel.: +49 9292 415
http://www.leupoldsgrün.de
gemeinde@leupoldsgrün.de
GANZJÄHRIG

GPS: 50.294090 N/11.7997750 E

Am Ortsrand von Leupoldsgrün unweit von der A9 liegt der Wohnmobilstellplatz am Anger, der unter anderem durch seine Ruhe punktet. Der Stellplatz bietet Platz für zwei Wohnmobile und ist gebührenfrei. Dank der Nähe zur Autobahn eignet er sich bestens für einen Zwischenstopp. Gegenüber befindet sich ein kleiner Laden mit Bäcker und Dingen des täglichen Bedarfs. Neben dem Platz gibt es außerdem Ruhebänke sowie eine Tischtennisplatte und einen Basketballkorb. Die kostenfreie E-Bike-Ladesäule und der offene Bücherschrank runden das Angebot des Stellplatzes ab.

Bei einem Halt auf dem Wohnmobilstellplatz am Anger lässt sich die umliegende Natur auf verschiedenen Rundwanderwegen erkunden, im Winter gibt es sogar Langlauf- und Schneeschuhwandermöglichkeiten. Weitere Freizeiteinrichtungen und Sehenswürdigkeiten findet man außerdem in Hof oder in Bayreuth. In Leupoldsgrün lohnt sich ein Spaziergang auf den Hohen Stein, von hier aus gibt es einen tollen Ausblick auf den Frankenwald und das Fichtelgebirge. Entsorgung vor Ort möglich, WLAN vorhanden, Hunde erlaubt. Strom: 50 Cent/ kWh, Wasser 50 Cent /50 L.

STELLPLÄTZE: 2
PREIS: KOSTENLOS

WOHNMOBILSTELLPLATZ AM HOTEL WEIHERMÜHLE IN IGGENSBACH

AN DER GASTSTÄTTE

Kopfsberg 1
94547 Iggensbach
Tel.: +49 9903 326
www.hotel-weihermuehle.com
info@hotel-weihermuehle.com
GANZJÄHRIG

GPS: 48.721000 N/13.164300 E

Der ruhige Platz unweit der Autobahn liegt an einer Gaststätte, in der die Einkehr obligatorisch ist. Die regionale Küche bietet eine gute Möglichkeit, einen entspannten Abend in schönem Ambiente zu verbringen. Tagsüber kann die Ruhe bei einem Spaziergang oder einer Radtour genossen werden. Die nächst größeren Orte sind Iggensbach und Reichenbach. Hier findet man auch die nächsten Einkaufsmöglichkeiten. Für Kulturinteressierte bietet sich ein Besuch der mittelalterlichen Burgruine Schellenstein an.

Der geschotterte Stellplatz ist überwiegend eben und bietet ein WLAN-Netzwerk. Eine Versorgung mit Frischwasser ist nicht möglich, ebenso gibt es keine Entsorgungsmöglichkeiten für Grauwasser oder die Chemietoilette. Strom kann auf diesem Platz für 2 € pro Tag bezogen werden. Da sich keine sanitären Anlagen am Platz befinden, sollten nur autarke Mobile den Platz aufsuchen. Hunde sind auf dem Platz kein Problem und gern gesehene Gäste. Die Gebühr für den Stellplatz ist in einer kleinen videoüberwachten Spardose zu entrichten.

STELLPLÄTZE: 20
PREIS: 5 EUR/NACHT

BAYERN

WOHNMOBILSTELLPLATZ AM AUENPARK IN MARKTREDWITZ

AM SEE

Von-Cramm-Weg 7
95615 Marktredwitz
Tel.: +49 9231 5011 28
http://www.tourismus-marktredwitz.de
touristinfo@marktredwitz.de
GANZJÄHRIG

GPS: 49.996250 N/12.082000 E

Der Wohnmobilstellplatz am Auenpark befindet sich am Rand von Marktredwitz an einem Bach, der zum Auensee in Bayern hinführt. Idyllische Ruhe ist also gegeben und es gibt einiges in der Umgebung zu entdecken. Ein Tipp: Das Naturfreibad MAKBad liegt gleich gegenüber und ist fußläufig gut zu erreichen. Es ist kostenlos nutzbar. Das Fichtelgebirge gehört zu Bayerns größten Wanderarealen und ist in unmittelbarer Nähe. Die gut ausgebauten Rad- und Wanderwege wie etwa der Goldsteig oder der Wallenstein-Radwanderweg erlauben es den Campern, einen Urlaub in der Natur zu genießen.

Der Stellplatz verfügt über Rasengitter mit Sand und ist relativ ebenerdig. Direkten Schatten gibt es nicht. In einigen Metern Entfernung gibt es aber reichlich Bäume und Wiesen. Hunde sind erlaubt und ebenfalls kostenlos. Auf dem Stellplatz gibt es WLAN, Strom für 50 Cent pro kWh und Frischwasser für 50 Cent pro 150 Liter. Für die Entsorgung von Grauwasser und dem Chemie-WC ist 1 Euro zu zahlen.

STELLPLÄTZE: 12
PREIS: KOSTENLOS

BAYERN

STELLPLATZ AM RATHAUS ARZBERG

Friedrich-Ebert-Str. 6
95659 Arzberg
Tel.: +49 9233 4040
http://www.arzberg.de
stadt@arzberg.de
GANZJÄHRIG

GPS: 50.055300 N/12.189200 E

Nahe der A93 im Naturpark Fichtelgebirge liegt der Stellplatz am Rathaus in Arzberg. Der Platz eignet sich somit ideal für einen Zwischenstopp. Der Untergrund ist gut befestigt und nebenan gibt es eine öffentliche Toilette, welche tagsüber geöffnet ist. Ebenso ist ein Supermarkt nur wenige Gehminuten entfernt, ein Bäcker ist ebenfalls im Ort. Der Stellplatz liegt dabei ruhig und idyllisch am Fluss Röslau und bietet sogar eine Sitzgelegenheit.

Arzberg ist ein guter Ausgangspunkt zum Wandern und Radfahren. Im Sommer kann das Freibad besucht werden, dazu ist der Badestrand des Feisnitzstausees in rund fünf Kilometern gut zu erreichen. Im Winter ist ebenso Langlauf möglich. Im Naturpark Fichtelgebirge gibt es außerdem zahlreiche Sehenswürdigkeiten. Arzberg bietet darüber hinaus verschiedene Einkehrmöglichkeiten und der Stadtpark eignet sich ganzjährig für Spaziergänge. Strom ist am Stellplatz am Rathaus kostenlos vorhanden, jedoch kein Frischwasser und keine Entsorgungsmöglichkeiten. Hunde sind erlaubt.

STELLPLÄTZE: 2
PREIS: KOSTENLOS

WOHNMOBILSTELLPLATZ AM HOTEL ZUM FRIEDL IN ST. OSWALD-RIEDLHÜTTE

AN DER GASTSTÄTTE

Kirchstraße 28
94566 St. Oswald-Riedlhütte
Tel.: +49 8553 9668 0
www.zumfriedl.de
info@zumfriedl.de
GANZJÄHRIG

GPS: 48.907800 N/13.389200 E

Dieser gebührenpflichtige Stellplatz am Restaurant "Zum Friedl" ist im Sommer ein guter Ausgangspunkt für Wanderungen oder Radtouren. Im Winter liegt der Platz direkt an einer Loipe und ist somit auch ideal für Wintersportler geeignet. Der Ort Riedlhütte liegt in der Ferienregion Nationalpark Bayrischer Wald, die viele Ausflugsziele bietet. Für Familien mit Kindern ist zum Beispiel ein Ausflug zum Tierfreigelände in Grafenau ein guter Tipp.

Der auf einer Wiese befindliche Stellplatz ist am Ortsrand gelegen, sodass das Zentrum zu Fuß erreichbar ist. Angeboten wird morgens ein Brötchenservice vom angrenzenden Hotel. Die Ver- und Entsorgung ist ebenfalls teilweise möglich. Die Frischwasserauffüllung kostet 2 € pro Tag, die Entsorgung von Grauwasser ist gebührenfrei. Die Chemietoilette kann nicht entsorgt werden. Strom kann ebenfalls für 50 Cent pro Tag bezogen werden. Eine Dusche kann für 3 € pro Vorgang genutzt werden. Hunde sind hier herzlich willkommen.

STELLPLÄTZE: 3
PREIS: 5 EUR/NACHT

WOHNMOBILSTELLPLATZ BEI DEN MAINTAL-ALPAKAS IN MICHELAU

AM SEE

Ortsverbindungsstraße Michelau – Schwürbitz
96246 Michelau OT Schwürbitz
Göritzenweg 9
96247 Michelau
Mobil: +49 176 3059 1405
Mobil: +49 151 1227 5107
www.maintal-alpakas.de/stellplatze
info@maintal-alpakas.de
GANZJÄHRIG

GPS: 50.1638137 N/11.1429478 E

Hier ist für jeden der passende Stellplatz dabei: Direkt an der Alpakaweide, am Fischweiher oder etwas abseits. Ein Highlight ist es in jedem Fall, wenn zugeschaut werden kann, wie die Alpakas auf die Weide kommen. Die beiden Ortszentren von Michelau, sowie Schwürbitz sind fußläufig zu erreichen und bieten die nötigen Einkaufsmöglichkeiten. Im Sommer kann im nahe gelegenen Rudufersee gebadet werden und ein Kiosk steht ebenfalls zur Verfügung. Für Aktive bietet der Platz einen Anschluss an diverse Wandertouren.

Geparkt werden kann auf Schotterrasen ebenso wie auf Wiese. Wichtig zu beachten ist, dass der Stellplatz bei Hochwasser gesperrt ist. Die teilweise schattigen Plätze haben keine Anschlüsse für Strom oder Wasser. Eine Entsorgung von Grauwasser oder der Chemietoilette kann aktuell nicht geboten werden. Sanitäre Einrichtungen sind nicht vorhanden, jedoch besteht im Sommer die Möglichkeit der Nutzung von Toiletten und Duschen (kalt) des Badesees. Die Kosten (Hunde sind inklusive) sind direkt beim Betreiber, welchem der nahe gelegene Bauernhof gehört, zu entrichten. Maximal dürfen auf diesem Stellplatz 14 Nächte verbracht werden.

STELLPLÄTZE: 3
PREIS: 10 EUR/NACHT

WOHNMOBILSTELLPLATZ AM WEINGUT WILLIBALD KLÜPFEL IN THÜNGERSHEIM

AM WEINGUT

Steigstraße 19
97291 Thüngersheim
Tel.: +49 9364 9836
http://www.kluepfelweine.de/zugast.html
info@kluepfelweine.de
GANZJÄHRIG

GPS: 49.8842964 N/9.8474573 E

Weinberge haben etwas Beruhigendes und bergen den köstlichen Traubensaft, der zu Wein verarbeitet wird. Auf dem Wohnmobilstellplatz am Weingut Willibald Klüpfel in Thüngersheim erleben Camper den Alltag eines Winzers. Bereits in den frühen Morgenstunden macht sich der Winzer sich auf den Weg, um die Reben zu kontrollieren. Der kostenfreie Stellplatz ist das ganze Jahr über nutzbar. Ein Tipp: Im Spätsommer sehen die Weinberge saftig-grün aus und bieten einen unvergleichlich schönen Panoramablick an! Eine Flasche vom Winzer ist ein schönes Souvenir für den kommenden Winter, in dem man sich an fantastische Campertage erinnern kann.

Der Stellplatz ist weitestgehend ebenerdig und teilweise mit Schotter ausgelegt. Die Einkehr ins Restaurant ist obligatorisch. Frischwasser und Strom sind vorhanden. Die Entsorgung von Grauwasser ist leider nicht möglich und eine Dusche ist ebenfalls nicht vorhanden. Die schönen Rad- und Wanderwege sorgen für viel Erholung im Campingurlaub auf dem Weingut. Eine Haltestelle ist zu Fuß gut zu erreichen.

STELLPLÄTZE: 5
PREIS: KOSTENLOS

WOHNMOBILSTELLPLATZ AM MAIN IN KARLSTADT

AM FLUSS

Karlburger Straße 16
97753 Karlstadt
Tel.: +49 9353 7902 0
http://www.karlstadt.de
info@stadtwerke-karlstadt.de
GANZJÄHRIG

GPS: 49.960970 N/9.759150 E

Der Wohnmobilstellplatz am Main in Karlstadt liegt im Ortsteil Mühlbach direkt am Main. Der Stellplatz ist mit einem geschotterten Untergrund ausgestattet und in breite parzellierte Plätze aufgeteilt, sodass auch größere Wohnmobile einen Platz finden. Die Altstadt ist über die Mainbrücke in etwa fünf Gehminuten zu erreichen, hier gibt es sowohl Einkaufsmöglichkeiten als auch einen Bäcker. Im Winter kann die Wasserversorgung auf dem Platz witterungsbedingt nicht garantiert werden. Wichtig: Der Parkscheinautomat zum Bezahlen der Gebühren nimmt nur Münzen an.

Vom Wohnmobilstellplatz aus bieten sich zahlreiche Freizeitmöglichkeiten an. Nicht nur, dass der Main-Radweg direkt am Stellplatz vorbeigeht, auch zahlreiche Wanderungen lassen sich ab hier in Angriff nehmen. Des Weiteren kann man in der idyllischen Altstadt in kleinen Geschäften bummeln oder in gemütlichen Heckenwirtschaften einkehren. Lohnenswert ist ebenso ein Besuch der Burgruine Karlsburg, von wo aus sich eine fantastische Aussicht bietet. Der Abend kann mit einem kühlen Frankenwein und Blick auf den Main entspannt ausklingen. Entsorgung, WLAN und Hunde sind im Übernachtungspreis enthalten. Strom: 50 Cent/ kWh, Wasser 1 € /80 L.

STELLPLÄTZE: 17
PREIS: 9 EUR/NACHT

WOHNMOBILSTELLPLATZ SCHLOSSPARK KÖNIG LUDWIG I. IM STAATSBAD BAD BRÜCKENAU

OBERHALB DES SCHLOSSPARK-ENSEMBLE

Schlüchterner Straße 5
97769 Bad Brückenau
Tel.: +49 9741 8020
www.staatsbad.de
info@staatsbad.de
GANZJÄHRIG

GPS: 50.305830 N/9.750320 E

Der Wohnmobilstellplatz Schlosspark König Ludwig I. im Staatsbad Bad Brückenau ist sehr ruhig gelegen und befindet sich oberhalb des historischen Schlosspark-Ensembles. Die Zwei-Bäder-Stadt mit dem Staatsbad und dem Ortszentrum gehören zu den beliebtesten Heilbäder-Zentren im Naturparadies der Rhön. Viele Rad- und Wanderwege, die gut ausgeschildert sind gilt es zu erkunden. Die Camper erwartet mit ihrer Staatsbad-Gastkarte ein reichhaltiges Freizeitangebot, das mit Tennis, Minigolf, Angeln oder dem Tierpark im Ort überzeugt. Das historische Schlosspark-Ensemble im Staatsbad, das fränkische Fachwerk in der Altstadt sowie das Deutsche. Fahrradmuseum und Heimatmuseum sind ein Muss für Kulturinteressierte.

Der Stellplatz liegt auf einem Plateau und bietet einen wundervollen Blick ins Tal und auf den Schlosspark. Direkt an den Wald angrenzend, beginnen die Rad- und Wanderwege. Ein Hinweis: Ein Spielplatz ist in Reichweite. Hunde sind erlaubt und im Preis von 10 Euro pro Übernachtung inklusive. Eine Kurtaxe von 2,90 Euro pro Tag ist für jeden Erwachsenen einzuplanen und in der Gäste-Information zu entrichten. Die Stellplatzgebühren sind am Parkscheinautomaten zu zahlen. Strom kostet 1 Euro pro kWh und für 100 Liter Frischwasser sind 2 Euro an der Versorgungssäule fällig. Der asphaltierte und ebenerdige Untergrund ist bei den Campern willkommen.

STELLPLÄTZE: 10
PREIS: 10 EUR/NACHT

WOHNMOBILSTELLPLATZ GERODA

Mühlweg 8
97779 Geroda
Tel.: +49 9741 91119 0
http://www.vgem-bad-brueckenau.de/markt-geroda
poststelle@vgem-bad-brueckenau.de
GANZJÄHRIG

GPS: 50.2778523 N/9.8964769 E

Für den Wohnmobilstellplatz Geroda fallen keine Gebühren an, weshalb der Stellplatz für Wohnmobile bis acht Meter sehr beliebt ist. Eine Reservierung ist leider nicht möglich. Dafür ist der Stellplatz beleuchtet und bietet viel Freizeitprogramm in der Nähe an. Der Stellplatz befindet sich in Bachnähe, wo ein schöner Wanderweg beginnt. Die Anbindung an die Autobahn ist gegeben und ein Restaurant ist ganz in der Nähe. Der Gasthof bietet kostenlose E-Bikes-Ladestationen an, sodass einer Radtour nichts im Wege steht.

Der Spielplatz für Kinder ist in unmittelbarer Nähe: Darum ist der Stellplatz perfekt für Camper mit Kindern geeignet. Hunde sind erlaubt und anzuleinen. Ein Tipp: Eine Spende für den Stellplatz in Höhe von 5 bis 10 Euro ist erwünscht, um den Platz weiterhin zu pflegen. Für die Spende ist ein Briefkasten angebracht. Das macht sich auf dem Stellplatz bemerkbar, der stets gut gesäubert ist. Strom kostet 50 Cent je kWh. Ein WC ist vorhanden, das kostenlos genutzt werden kann.

STELLPLÄTZE: 2
PREIS: KOSTENLOS

WOHNMOBILSTELLPLATZ AN DER BAUMHOF-TENNE IN MARKTHEIDENFELD

AN DER GASTSTÄTTE

Baumhofstr. 147
97828 Marktheidenfeld
Tel.: +49 9391 3549
http://baumhoftenne.de
reservierung@baumhoftenne.de
GANZJÄHRIG

GPS: 49.843800 N/9.631170 E

Direkt bei der Gaststätte „Baumhof-Tenne“ liegt der gleichnamige Wohnmobilstellplatz in Marktheidenfeld. Der Stellplatz mit geschottertem Untergrund ist dabei direkt am Waldrand und in ruhiger Lage. Rund einen Kilometer entfernt gibt es eine Bäckerei. Kehrt man in den Gasthof ein, so ist der Stellplatz gratis. Es ist außerdem möglich, über die Gaststätte Frühstück zu buchen. Es erfolgt gegen einen Aufpreis von 9 € und mit Anmeldung. Eine Reservierung des Stellplatzes ist nicht möglich. Marktheidenfeld ist direkt an die Autobahn A3 angebunden.

Der Wohnmobilstellplatz an der „Baumhof-Tenne“ eignet sich sowohl für einen Zwischenstopp als auch für einen Kurztrip. Er ist ein guter Ausgangspunkt für Wander-, Rad- oder Motorradtouren. Der Main ist ebenfalls nicht weit entfernt, hier werden unter anderem Schifffahrten und Kanutouren angeboten. Im Ort befindet sich außerdem ein Hallen- und Freibad. Das Outlet Wertheim Village ist in etwa 16 km zu erreichen. Entsorgung, WLAN und Hunde sind im Übernachtungspreis enthalten. Strom: 3 €/ Tag, Wasser 1 € / 100 L.

STELLPLÄTZE: 10
PREIS: 5 EUR/NACHT

VON CAMPING-FANS FÜR CAMPING-FANS

Es fehlt noch ein Hering für das Vorzelt? Zum Glück gibt es hilfsbereite Nachbarn auf dem Campingplatz. Es wurde das Öl zum Kochen vergessen? Im nächsten Wohnmobil finden sich meist nette Reisende, die noch etwas Öl übrig haben. Dass man sich auf dem Campingplatz gerne unter die Arme greift ist allseits bekannt. In diesem Sinne ist unser Camping-Team Ihnen auch sehr dankbar, wenn Sie uns eine kurze Nachricht zukommen lassen, falls eine Info trotz sorgfältiger Recherche nicht aktuell oder passend war: kontakt@horizontmedia-verlag.de

Wenn Sie mit diesem Stellplatzführer hin und wieder passende Stellplätze finden, freuen wir uns sehr über eine Bewertung. Sie helfen damit anderen Wohnmobilisten bei ihrer Kaufentscheidung und tragen möglicherweise zu einem schöneren Urlaub bei. Mit dem QR-Code gelangen Sie direkt zur Bewertung über Amazon.de:

BILDNACHWEIS

Fotos mit freundlicher Genehmigung der Gemeinden, Stellplatzbetreiber und Tourist-Informationen, insbesondere: Cover: Shutterstock/Andrey Armyagov; Achtrup: Wikipedia/Salzgraf; Ahlerstedt: Wikipedia/Ra Boe; Aldersbach: Wikipedia/Konrad Lackerbeck; Aldersbach Portalkirche: Wikipedia/Gliwi; Altötting: Tourismusbüro Altötting/H. Heine; Angermünde: A.Savin (WikiCommons); Angermünde, Stadtmauer: Wikipedia/Doris Antony; Arzberg: Harald Helm, Stadt Arzberg; Bad Berleburg: Wikipedia/Norbert Schnitzler; Bad Berleburg Schloss: Wikipedia/Kurt Wichmann; Bad Brückenau: Bayerisches Staatsbad Bad Brückenau; Bad Kreuznach: Brigitte Desoi; Bad Lobenstein: Wikipedia/Geisler Martin; Bad Mergentheim: Wikipedia/Schorle; Bad Saulgau: Larissa Jaschinski, Tourismusbetriebsgesellschaft Bad Saulgau mbH; Bad Tölz: Wikipedia/Kassandro; Bad Wurzach: Wikipedia/Flodur63, Wikipedia/BadWurzachSte; Bad Wurzach Schloss: Wikipedia/Okona; Bald Belzig: SteinTherme; Beilngries: Wikipedia/DALIBRI; Beilngries Rathaus: Wikipedia/Dguendel; Bergen: depositphotos.com/tepic; Blieskastel: Stadt Blieskastel; Blomberg: Wikipedia/Nikater Wikipedia; Blomberg: Wikipedia/Grugerio; Bönnigheim: Wikipedia/I, Bufu; Bönnigheim Fachwerkhaus: Wikipedia/Mussklprozz; Bösdorf: Wikipedia/An-d; Bottrop: Wikipedia/Noebse; Bottrop Turm: Keine Nennung/Wikipedia; Brackenheim: Wikipedia/Martin 2485; Breitenthal: Wikipedia/Krumbacher; Bremen: Wikipedia/Schulzff; Bremen Weser: Wikipedia/Philipp Hertzog; digital treatment: SV_Leschmann; Breydin: Wikipedia/Ralf Roletschek ; Brokdorf: Wikipedia/C. Löser; Bühl: Frank C. Müller/Wikipedia; Crivitz: Jana Nützmann, Bürgerhaus Crivitz; Deudesfeld: Wikipedia/Magnus Manske; Dietingen: Wikipedia/Nina Eger; Dippoldiswalde: Wikipedia/Harald Weber Hawedi; Dippoldiswalde Schloss: Wikipedia/Lysippos; Dömitz: Madlen und Dirk Iburg; Dresden: Wikipedia/MatthiasKabel; Dresden Montage: Wikipedia/AlexTref871; Echzell: Anja Hopp, Gemeinde Echzell; Edenkoben: Wikipedia/BlueBreezeWiki; Edenkoben Weinanbau: Wikipedia/BlueBreezeWiki; Eigeltingen: Daniel Riess, Hotel Lochmühle GmbH; Eilsleben: depositphotos.com/leopictures; Eisenach: Wikipedia/Westerdam; Eisenach Karlsplatz: Wikipedia/Lucas Friese; Eisenberg: Wikipedia/I, Michael Sander; Emden: Wirtschaftsbetriebe Emden GmbH; Emsbüren: Wikipedia/Corradox; Erwitte: Wikipedia/Riessdo; Erwitte/Therme: Wikipedia/Elbwestfale; Esens: Esens-Bensersiel Tourismus GmbH; Flensburg: CITTI Handelsgesellschaft mbH & Co. KG; Freyung: Stadt Freyung; Fritzlar: Wikipedia/Axel Hindemith; Fritzlar Marktplatz: Wikipedia/Hubert Berberich (HubiB); Gaggenau: Wikipedia/Rainer Lück http://1RL.de/; Gaggenau Kirche: Wikipedia/Immanuel Giel; Gallin-Kuppentin: Schwedenhof; Geroda: Wikipedia/Ginkgo2g; Gevelsberg: Lena Dobrick, Stadt Gevelsberg; Gillenfeld: Frank G. Fetten; Gödenstorf: Wikipedia/Axel Hindemith; Gödenstorf Kiekeberg: Wikipedia/John N.; Grafenau: Wikipedia/High Contrast; Gräfenroda: Andreas Schmidt; Großrückerswalde: Wikipedia/Aagnverglaser; Güstrow: Wikipedia/Postamt_Güstrow_2011.jpg: Felix König ; Güstrow: Wikipedia/Schiwago; Hardegsen: Wikipedia/Alkibiades; Hardegsen Stadtverwaltung: Wikipedia/H.-J. Sydow; Heinsberg: 3H Camping-Center GmbH; Herrenberg: Wikipedia/dealerofsalvation; Herzebrock-Clarholz: Anja Valentien, Gemeinde Herzebrock-Clarholz; Hilpoltstein: Wikipedia/Myratz; Hitzacker Elbe: Wikipedia/Torsten Bätge ; Hohen Pritz: Wikipedia/Marcus Sümnick; Hohen Pritz Kirche: Wikipedia/Niteshift (talk); Horgenzell: Wikipedia/Andreas Praefcke; Hornbach: Wikipedia/atreyu; Hornbach Kirche: Wikipedia/Storckotto; Hoya: Wikipedia/Ulamm; Hückelhoven: 3H Camping-Center GmbH; Hünfeld: Wikipedia/Hesse1309; Iggensbach: depositphotos.com/bitpics; Ilsenburg: Wikipedia/Hejkal; Ilsenburg Wanderlust: Wikipedia/Wolkenkratzer; Isselburg: Tina Schumacher, Tourist-Info Isselburg; Joldelund: Wikipedia/Ein elefant; Jünkerath: Wikipedia/Mabol!; Kall: Wikipedia/A.Savin (WikiCommons); Karlstadt: Jürgen Müller, Stadt Karlstadt; Kropp: depositphotos.com/Vladimircaribb; Kurort Seiffen: Wikipedia/Norbert Kaiser; Landsberg am Lech: Wikipedia/Patrick Huebgen; Leck: depositphotos.com/nachrc2001@gmail.com; Lenggries: Wikipedia/Pe-sa; Letschin: Hannelore Marth; Leupoldsgrün: Gemeinde Leupoldsgrün; Leutesdorf: Wikipedia/Rolf Kranz; Lotte: Wikipedia/J.-H. Janßen; Marktheidenfeld: Wikipedia/RedPiranha; Marktoberdorf: Wikipedia/Flodur63; Marktredwitz: Wikipedia/PeterBraun74; Meißenheim: Wikipedia/Rauenstein; Memmingen: Stadt Memmingen; Mendig: Wikipedia/Holger Weinandt; Michelau: depositphotos.com\mvaligursky; Michelbach: Michael Helbig, Gemeinde Michelbach/Bilz; Michelbach/Bilz: Wikipedia/Sebssebi; Monheim: Wikipedia/Flodur63; Mühlhausen/Thüringen: Wirtschaftsbetriebe Mühlhausen GmbH; Münster: Thomas Rohde; Murg: Wikipedia/Publi; Neißenmünde: Wikipedia/Dad of Oktaeder; Nettersheim: Wikipedia/Thomas Hummel; Neustadt in Sachsen: Wikipedia/Norbert Kaiser; Nimritz: Wikipedia/NoRud; Nordenham: keine Nennung/Wikipedia; Oberbrombach: Walter Grün; Oberhausen: Wikipedia/Wiki05; Obersulm: Wikipedia/peter schmelzle; Ockenheim: Metzis Panoramablick; Ostrhauderfehn: Gemeinde Ostrhauderfehn; Perlesreut: Wikipedia/HaSe; Pirna: Wikipedia/Norbert Kaiser; Plauen: Wikipedia/Konradalbert in der Wikipedia auf Deutsch; Pronsfeld: Harald Urfels; Rastenberg: Wikipedia/Michael Sander; Rehfelde: Wikipedia/A. Savin (WikiCommons); Reinfeld: Wikipedia/Olbertz; Renchen: Wikipedia/S. Finner; Rheinbreitbach: Wikipedia/Ioannes.baptista; Rheine: Wikipedia/Zumthie; Rheurdt: Wikipedia/Benedikt Vossen; Rodenbach: Wikipedia/Geyersberg; Rodenberg: Joachim Hartmann; Rosenfeld: Susanne Pawlika, Stadtverwaltung Rosenfeld; Rotenburg an der Fulda: Wikipedia/BengtLueers; Rudersberg: Manja Schuller, Wirtschafts- und Tourismusföderung Rudersberg; Schmallenberg: Freizeitwelt Sauerland GmbH; Schneeberg: Wikipedia/Miebner; Schwarzenbach am Wald: Wikipedia/Muck, Wikipedia/Flodur63; Seesbach: Wikipedia/Jörg Braukmann; Sehestedt: Wikipedia/Nightflyer; Soltau: Wikipedia/Frank Vincentz; St.Oswald-Riedlhütte: Wikipedia/Konrad Lackerbeck; Stadtlengsfeld: Wikipedia/Jörg Blobelt ; Sustrum: Wikipedia/Emsland Touristik GmbH; Thüngersheim: depositphotos.com\nexus__; Trostberg: Wikipedia/Flodur63; Tüßling: depositphotos.com\oscity; Uedem: Manuela Joosten; Von Camping-Fans für Camping-Fans: Shutterstock/Andrey Armyagov; Wagenfeld: Wikipedia/Scolium; Wahlstedt: despositphotos.com/makALEX; Wahrenberg: U. Gieske; Walternienburg: Wikipedia/Gregor Rom; Weinsberg: Wikipedia/Rosenzweig; Weinstadt: Wikipedia/Silesia711; Wendorf: Fred Stange; Wietstock: Wietstocker Weitblick; Wildberg: Ulrike Klumpp, Stadt Wildberg; Wilhelmshaven: Stadtwerke Wilhelmshaven GmbH; Willingshausen: Wikipedia/Oliver Deisenroth; Wittstock/Dosse: Stadt Wittstock/Dosse; Wolframs-Eschenbach: Wikipedia/Flodur63;

IMPRESSUM

Urheberrechte der Texte: Thomas Frenzen, Cdelsnig, Nani Frosch, Tintenklex, Textgeist, kochlandliebe

Thomas Frenzen wird vertreten durch:
Horizont Media Verlag
c/o Block Services
Stuttgarter Str. 106
70736 Fellbach

www.horizontmedia-verlag.de
kontakt@horizontmedia-verlag.de

Covergestaltung und -konzept: Danileoart - www.danileoart.com
Layout: Creative Bilal
Lektorat: Ewag18

Printed in France by Amazon
Brétigny-sur-Orge, FR

15955019R00092